LA FRANCE DE 1848 À 1870
Entre ordre et mouvement

Paru dans Le Livre de Poche :

LA FRANCE CONTEMPORAINE
Sous la direction de J.-F. Sirinelli

LA FRANCE ENTRE EN RÉPUBLIQUE
(J. Grondeux)
DE LA BELLE ÉPOQUE A LA GRANDE GUERRE
(M. Leymarie)
LES ANNÉES VINGT (F. Monier)
LES ANNÉES TRENTE (O. Dard)
LA FRANCE PENDANT LA SECONDE GUERRE MONDIALE
(J.-F. Muracciole)

LA FRANCE CONTEMPORAINE

Sous la direction de Jean-François Sirinelli

ÉRIC ANCEAU

LA FRANCE DE 1848 À 1870

Entre ordre et mouvement

LE LIVRE DE POCHE

Maître de conférences en histoire contemporaine à l'Université Paris IV-Sorbonne, Éric Anceau a publié trois autres ouvrages sur le Second Empire, dont deux ont été couronnés, en 2000, par le Grand Prix de la Fondation Napoléon.

© Librairie Générale Française, 2002.

INTRODUCTION

Les journées de février 1848 et le 4 septembre 1870, bornes chronologiques de cet ouvrage, sont des dates-clés de notre histoire contemporaine puisque chacune d'entre elles correspond à une révolution et qu'elles marquent la renaissance puis l'ancrage dans notre pays de la République, régime qui n'a plus été remis en cause depuis, sauf de 1940 à 1944. Pourtant, elles ne représentent, au mieux, pour l'immense majorité des Français, que de vagues souvenirs scolaires ou des manifestations de curiosité (pourquoi une rue parisienne s'appelle-t-elle « rue du 4-Septembre » ?). De façon beaucoup plus inquiétante, il en est de même des faits majeurs de la Deuxième République (1848-1852) et du Second Empire (1852-1870), exceptions faites, il est vrai, de la mise en place du suffrage universel masculin et de l'abolition de l'esclavage. À cela, il n'y a rien d'étonnant. Il suffit de consulter les programmes des collèges et des lycées ainsi que le détail des enseignements dispensés dans les universités pour se rendre compte de la part négligeable qu'occupent ces vingt-trois années. Le passage récent au XXIe siècle, l'épaississement temporel et « l'accélération de l'histoire » participent évidemment du phénomène et induisent un changement de regard sur le XIXe siècle. Celui-ci n'est plus le siècle dernier mais est rejeté dans un passé lointain. Par-dessus tout, la Deuxième République, le Second Empire et la figure dominante de la période, Louis-Napoléon Bonaparte, premier président de notre histoire avant d'en être le dernier empereur sous le nom de Napoléon III, ont eu très longtemps mauvaise réputation.

À la Deuxième République, il était reproché de n'avoir pas su tenir ses promesses et d'avoir même trahi les espérances placées en elle, en inclinant vers le plus étroit conservatisme avant de sombrer dans la confusion. Le manque d'envergure de ses dirigeants aurait préparé la catastrophe finale. En comparant, dans *Le Dix-huit Brumaire de Louis Bonaparte*, la période qu'il est en train de vivre à la grande Révolution, Karl Marx a ce jugement cruel et définitif : « Hegel fait quelque part cette remarque que tous les grands événements et personnages historiques se répètent pour ainsi dire deux fois. Il a oublié d'ajouter : la première fois comme tragédie, la seconde fois comme farce. Caussidière pour Danton, Louis Blanc pour Robespierre, la Montagne de 1848 à 1851 pour la Montagne de 1793 à 1795, le neveu pour l'oncle... » Le neveu justement... Louis-Napoléon Bonaparte, élu président de la République le 10 décembre 1848, en grande partie grâce à la légende napoléonienne, aurait vite montré ses insuffisances. Pâle imitation de son oncle Napoléon Ier, il a, lui aussi, ses « 2 décembre ». Cependant, ici, point de sacre triomphal à Notre-Dame ou de soleil d'Austerlitz, mais un coup d'État qui permet de s'accrocher au pouvoir et d'instaurer une dictature puis, un an plus tard, jour pour jour, de rétablir l'Empire. Contrairement au grand Napoléon qui a su s'emparer de la France sans faire couler le sang, « Napoléon le Petit », ce « nain immonde », comme le surnomme Victor Hugo, laisse « des morts plein les civières ». *Lux et Nox*. Tout le drame du Second Empire tient presque dans ce péché originel. Encore convient-il d'ajouter que le régime n'aurait pu s'imposer et se maintenir sans le soutien de l'armée, de l'Église et des notables et sans l'ignorance et la docilité de la petite paysannerie et du sous-prolétariat. L'obscurantisme et le passé au pouvoir ! Outre la terreur et la réaction, la fête, la curée et la débâcle caractériseraient également la période : la vie dissolue des élites, l'affairisme, Sedan ! De Victor Hugo à Émile Zola, en passant par Alphonse Daudet, la plupart des écrivains ont été très sévères avec le régime et son maître. Quant aux historiens républicains, Ernest Lavisse en tête, ils en ont fait les responsables des difficultés de la Troisième République naissante puis les repoussoirs idéaux pour encenser les réalisations de l'après 1870. *Nox et Lux*.

Depuis une quarantaine d'années, les mérites et les torts des deux régimes ont été justement réévalués. Les travaux de Maurice Agulhon [29] et de Philippe Vigier [173] pour la Deuxième République et ceux de Louis Girard [263] et d'Alain Plessis [112] pour le Second Empire y ont grandement contribué. L'éloignement temporel a au moins ce grand avantage de permettre aux esprits de s'apaiser et à l'historien de se distancier de son objet d'étude. C'est dans le droit fil de cette tradition historienne que nous avons tenté d'inscrire notre propos.

Parce que nous croyons à la fécondation des approches les unes par les autres et à la nécessité de recourir à des éléments explicatifs venant de champs historiques variés pour ne point proposer une vision simpliste du passé, nous avons également souhaité donner ici une histoire globale et faire bénéficier le lecteur, qu'il soit enseignant, étudiant ou simple curieux, des acquis les plus récents de la recherche. L'entreprise peut paraître à la fois présomptueuse et à contre-courant, compte tenu du faible volume de l'ouvrage, de la spécialisation croissante des historiens et de la vogue des monographies. Il nous a cependant semblé nécessaire de faire une place à des travaux fondamentaux et parfois difficilement accessibles, tout en évitant de reproduire ce que François Dosse appelle l' « histoire en miettes ». Pour essayer d'y parvenir, la politique nous a fourni la ligne directrice. Ce choix s'explique à la fois par la singularité française et par la tonalité particulière de la période qu'ont soulignées des historiens étrangers comme Theodore Zeldin [175] ou plus récemment Robert Tombs [23].

Les Français du milieu du XIXe siècle apparaissent à la fois davantage passionnés que leurs voisins par la politique mais aussi plus insatisfaits par les solutions qu'on leur propose. La France d'alors est une France qui se cherche, entre ordre et mouvement. C'est ainsi que la monarchie censitaire de Louis-Philippe qui ne sait pas répondre à la crise multiforme qui la frappe par des réformes opportunes tombe en février 1848. Avec les républicains qui lui succèdent, souffle un grand vent d'idéalisme et de changement. Les élections d'avril 1848 puis les journées de juin viennent briser cet élan. Les premières mesures de réaction ne tardent pas. Cependant, le parti de l'Ordre ne parvient pas à conserver le pouvoir. Le président dont il entend faire son instrument met fin à cette République conservatrice au profit d'un césarisme démocratique qui rejette les extrêmes et qui cherche à réconcilier les Français sans s'embarrasser des moyens légaux (Frédéric Bluche, [37]). Très autoritaire à ses débuts, le régime se libéralise dans les années 1860. Au gré des hésitations impériales, des fluctuations de rapports de force dans les milieux dirigeants et des mouvements d'opinion, il incline tantôt vers la conservation, tantôt vers le changement, l'aspiration très réelle au progrès se doublant toujours de la peur de l'anarchie. Mais, nous le verrons, la lutte entre l'ordre et le mouvement ne se joue pas seulement sur le terrain politique. Elle concerne aussi les relations internationales, l'économie, la société, la religion et la culture. Enfin, elle est complexe dans la mesure où les clivages ne se reproduisent pas à l'identique d'un secteur à un autre. Telle tendance, tel groupe ou tel homme se montrera conservateur en un domaine et libéral en un autre, selon ses convictions ou ses intérêts.

Le plan retenu est chronologico-thématique. Des

sept chapitres qui vont suivre, les deux premiers sont consacrés au temps court de la Deuxième République d'avant le coup d'État. L'accent y est délibérément porté sur la politique, mais les facteurs économiques, sociaux ou culturels sont présents en arrière-plan pour éclairer le propos. Les cinq chapitres suivants concernent la République décennale (celle des lendemains du 2-Décembre, qui accorde un mandat de dix ans au président) ainsi que le Second Empire. Trois privilégient l'histoire politique et diplomatique. Ils encadrent un chapitre économique et un autre traitant des aspects sociaux et culturels.

I

LA RÉVOLUTION DE FÉVRIER 1848 ET LES HÉSITATIONS DE LA RÉPUBLIQUE

Pourquoi 1848 ?

« L'ouvrage subit d'un moment, un bouleversement qu'aucun plan n'avait ordonné, qu'aucun malaise n'avait inspiré, qu'aucune doléance n'avait annoncé... sans motif, sans prétexte, sans qu'aucune circonstance ne le justifiât ou même ne l'expliquât, si ce n'était le goût du changement et l'attrait de la violence... » Telle est l'interprétation des causes de la Révolution de février 1848 que propose lord Brougham. Comme cet observateur anglais, bon nombre de témoins, y compris dans les milieux prétendument bien informés, ont été déroutés par la soudaineté du renversement de la monarchie de Juillet et par la facilité avec laquelle celui-ci s'est produit. Beaucoup ont attribué la chute du régime au refus de concessions et à l'aveuglement du roi Louis-Philippe et de son principal ministre, Guizot. En fait, l'historien Ernest Labrousse a montré, dans des pages devenues justement célèbres [2], qu'il était impossible d'attribuer une origine unique à la Révolution de 1848. Comme en 1789 et en 1830, le régime a été emporté par une crise multiforme.

À la tête du pays depuis plus de dix-sept ans, le roi âgé (soixante-quatorze ans) a une grande confiance depuis 1840 en son ministre des Affaires étrangères et véritable chef du gouvernement, l'historien Guizot. Celui-ci n'attribue-t-il pas à la Couronne un grand pouvoir d'intervention politique en exigeant, par exemple, que le gouvernement bénéficie d'une « double confiance » (celle du monarque et celle du Parlement) ? Il entend assurer définitivement la victoire de la bourgeoisie censitaire amorcée en 1789, en en faisant une classe ouverte aux aristocrates décidés à renoncer à leur passéisme et aux éléments les plus méritants des milieux populaires enrichis « par le travail et par l'épargne », au sein d'une France pacifique et préoccupée de sa seule prospérité (Pierre Rosanvallon, [76]). Sûr de son jugement, peu enclin à écouter l'opinion publique et conforté par le succès obtenu lors des élections législatives d'août 1846 (291 élus favorables au gouvernement sur 459), il ne voit pas l'ennui et le malaise progresser chaque jour davantage. La politique étrangère du régime n'offre ainsi à une France imbue de sa mission universelle de protectrice des peuples opprimés et d'éducatrice des peuples arriérés aucune satisfaction d'amour-propre, bien au contraire (pas de remise en cause des traités de 1815, humiliation face à l'Angleterre dans l'affaire Pritchard en 1844-1845 puis rapprochement avec les puissances les plus conservatrices d'Europe). Des scandales (Teste-Cubières et Choiseul-Praslin) affectent les milieux dirigeants et ternissent l'image du régime. Par-dessus tout, Guizot, appuyé par une majorité parlementaire docile et intéressée, reste sur sa ligne conservatrice et refuse toute moralisation de la vie politique (en maintenant le cumul entre fonction publique et mandat parlementaire et les différentes formes de corruption des électeurs, des candidats et des élus) ainsi que toute réforme électorale (en s'opposant à l'abaissement du cens à 100 francs et à l'octroi du droit de vote à tous les gens instruits, mais parfois trop peu fortunés pour payer le cens). Avec un cens de 200 francs qui représente plus du quart du salaire annuel d'un ouvrier (si tant est que l'on puisse comparer, un franc d'alors équivaut à peu près à 2 euros), la France ne compte que 240 000 électeurs pour 35,4 millions d'habitants et 10 millions d'hommes adultes.

Cet écart considérable entre le pays légal et le pays réel exaspère la petite bourgeoisie commerçante et industrieuse, les enseignants et les membres des professions libérales qui s'estiment bien plus méritants que les notables, mais qui n'ont pas accès au droit de vote. Alors qu'ils s'apparentent aux élites par leur culture dans une France majoritairement illettrée, ils sont en fait rejetés par celles-ci (Christophe Charle, [130]). D'alliés potentiels du régime, ils en deviennent des ennemis. L'attitude frondeuse de la jeunesse estudiantine du Quartier latin, à Paris, est, à cet égard, particulièrement significative. Pour la génération romantique, la colère devant l'absence de débouchés et le manque de perspectives est à la mesure des promesses non tenues par le pouvoir (Jean-Claude Caron, [200]). Les ouvriers ont aussi de multiples motifs de mécontentement. Outre des conditions de vie misérueses (leur déchéance physique et morale a été constatée par le docteur Villermé dans sa grande enquête publiée en 1840), ils souffrent d'une dégradation de leur pouvoir d'achat, de l'absence quasi complète de législation sociale (seul l'emploi des enfants est réglementé depuis une loi de 1841, du reste timide et mal appliquée) et de la restriction des droits collectifs (les coalitions et les grèves sont interdites, les associations soumises à autorisation et étroitement surveillées). À Paris dont la population ne cesse de s'accroître et dépasse désormais le million d'habitants, les classes laborieuses représentent plus du tiers de l'ensemble et sans doute même la moitié si on leur ajoute les sans-emploi. En outre, avec l'industrialisation, des villes-champignons ont poussé en province, comme Saint-Étienne (16 000 habitants en 1800, 60 000 en 1848). Ces fortes concentrations ouvrières, à la fois hétérogènes et instables, sont de véritables poudrières où des mouvements se produisent périodiquement et que les dominants trouvent de plus en plus dangereuses pour l'ordre et la société (Louis Chevalier, [131]). Le problème paysan est peut-être plus diffus, mais il est aussi plus grave car la France demeure très largement rurale. Malgré le départ de certains, les campagnes demeurent en surcharge démographique. La misère et l'insécurité y sont des maux endémiques. Les manouvriers, les journaliers, les petits artisans et les domestiques qui forment plus de la moitié des ruraux et plus du quart de la population du royaume constituent cet « infini d'en bas » de la société française et mènent une vie très précaire, à l'exemple de Louis-François Pinagot, ce pauvre sabotier de l'Orne tiré de l'ombre par Alain Corbin [135]. Quant à la plupart des autres paysans, ils sont certes propriétaires, comme le veut l'idéal social du XIXe siècle, mais ils sont aussi endettés. Beaucoup vivent sous la tutelle des notables qui leur ont prêté ainsi que dans la hantise de la visite de l'huissier et de la saisie. Parce qu'ils ont « faim de terres », les gens des campagnes ont toujours été tentés de défricher la forêt, mais le Code forestier de 1827 le leur interdit désormais. Les délits se multiplient et les contrevenants sont envoyés devant les tribunaux. Là aussi, la colère gronde.

La crise économique que traverse la France à partir de 1846 accable davantage les humbles, exacerbe les tensions sociales et aggrave les difficultés d'un régime qui a toujours promis la prospérité. Comme Ernest Labrousse l'a montré [2], il s'agit là d'une crise mixte mêlant les aspects traditionnels des crises d'ancien régime économique (cherté des grains, disette) et les caractères des crises contemporaines (spéculation et crise boursière, crise industrielle). Même si Bertrand Gille souligne, dès ce moment, le rôle moteur des investissements industriels (en ponctionnant l'argent habituellement destiné aux campagnes, ceux-ci auraient entraîné les difficultés de l'agriculture), tout commence dans les campagnes. Apparue en 1845 en Irlande, la maladie de la pomme de terre se répand en France l'année suivante. De plus, la sécheresse du printemps et de l'été provoque une pénurie de céréales. Les prix des denrées alimentaires de base flambent. La plupart des Français doivent renoncer à leurs autres consommations. En conséquence, l'activité commerciale et industrielle ralentit. Parallèlement, le crédit entre lui aussi en crise. L'euphorie des années 1842-1846 a provoqué une intense spéculation et un surinvestissement dans des affaires comme les chemins de fer qui exigent des capitaux importants, qui les immobilisent longtemps et dont, de surcroît, on a sous-estimé le coût et surestimé les bénéfices (François Caron, [94]). Inquiets de la récession française, les Britanniques rapatrient leurs capitaux qui sont majoritaires dans certains secteurs. Ils accentuent de ce fait la pénurie d'argent. En même temps, les finances de l'État sont au plus mal. Le ralentissement de l'activité économique a réduit les recettes fiscales ; les dépenses d'assistance ont gonflé ; il a fallu procéder à des achats massifs de grains à l'étranger. En 1847, le déficit de l'État atteint le chiffre record de 258 millions de francs, soit 20 % des recettes ordinaires. La Banque de France a dû relever le taux de l'escompte. Les faillites se multiplient et le débauchage atteint des proportions gigantesques (près de 20 % dans les charbonnages et de 35 % dans la métallurgie et le textile). Dans les campagnes aussi bien que dans les villes, le nombre d'indigents et la délinquance augmentent. Face à la misère, les notables font figure de profiteurs plus que de protecteurs. Les bris de machines se multiplient dans les manufactures, de même que les manifestations contre les accapareurs dans les villages. À Buzançais, dans l'Indre, un pillage de grains se transforme en une émeute sanglante.

Si, à la fin de l'année 1847, la crise agricole est

terminée et la reprise s'annonce dans l'industrie où certains secteurs ont été d'ailleurs très peu affectés (soierie lyonnaise), la société française est ébranlée. L'idée républicaine, qui n'est pas une nouveauté puisque la France a déjà connu ce régime entre 1792 et 1804, ainsi que les utopies socialistes (le saint-simonisme autour du Père Enfantin, le fouriérisme derrière Victor Considérant, le communisme icarien de Cabet, le socialisme étatique de Louis Blanc ou le socialisme anti-étatique de Proudhon) ont fait leur chemin. Certes, les républicains sont divisés et ne sont qu'une poignée à la Chambre des députés (les avocats Ledru-Rollin et Marie, Hippolyte Carnot, le fils du grand Lazare, l'organisateur de la victoire pendant la Révolution, Louis Antoine Garnier-Pagès, frère du chef du parti dans les années 1830 mort prématurément...). Cependant, ils constituent « un pôle d'attraction virtuel » pour des hommes venus de la gauche dynastique comme l'avocat Adolphe Crémieux ou pour d'autres qui ont déserté les rangs de la droite traditionnelle, tel le poète romantique Alphonse de Lamartine (Maurice Agulhon, [3]). En écrivant sur la Révolution comme Jules Michelet, Edgar Quinet ou encore Louis Blanc, ce dernier contribue à rapprocher les élites intellectuelles du républicanisme. De leur côté, les romans-feuilletons d'Eugène Sue ou de Frédéric Soulié, les mélodrames de Félix Pyat ou d'Adolphe Dennery exercent une profonde influence sur le peuple. À défaut de pouvoir attaquer la classe politique depuis les lois de septembre 1835 qui musellent la presse, les caricaturistes et *Le Charivari* s'en prennent aux principaux soutiens sociaux du régime. En outre, deux grands journaux parviennent à diffuser la pensée républicaine, *Le National*, fort modéré, et *La Réforme*, plus avancée. S'ils ont un nombre d'abonnés dérisoire et une vente au numéro très réduite, ils sont lus collectivement dans les ateliers, les cabarets, les cercles bourgeois ou encore les chambrées d'artisans et de paysans [198].

Ces lieux de sociabilité jouent un rôle capital dans la propagation des idées républicaines (M. Agulhon, [29] et [120]). Enfin, si Armand Barbès et Auguste Blanqui sont pour l'heure en prison, ils ont beaucoup d'émules en liberté qui conspirent contre la monarchie de Juillet, isolément ou dans des sociétés secrètes comme les Voraces lyonnais (Claude Latta, [28]).

Néanmoins, seul un projet modéré de réforme électorale est capable de fédérer les mécontents du centre gauche (Thiers et Rémusat), de la gauche dynastique (Odilon Barrot) et du radicalisme (Ledru-Rollin). S'il ne peut satisfaire les socialistes ainsi que le peuple des villes et des campagnes, il a tout pour séduire la petite bourgeoisie. Pour donner de l'écho à la demande de réforme et contourner la loi qui interdit les réunions publiques sans autorisation préalable, il est prévu d'organiser des banquets à travers la France. Si les députés, les électeurs censitaires et les notables locaux sont les seuls à pouvoir se payer le dîner, le peuple sera admis à entendre les toasts en faveur de la réforme électorale et les discours fustigeant la politique du régime. Inaugurée à Paris le 9 juillet 1847, la campagne se termine provisoirement à Rouen, le 25 décembre suivant. Les soixante-dix banquets réunissent au total 17 000 personnes, ce qui témoigne de l'audience relativement limitée de la manifestation. En outre, des dissensions se sont produites parmi les participants, les radicaux réclamant à partir du 7 novembre non plus un simple élargissement du suffrage censitaire, mais le suffrage universel. Mal conseillé, le roi ne sait en tirer profit. En ouvrant la session parlementaire, le 28 décembre, il n'annonce aucune réforme et se montre agressif. Les chefs de l'opposition prévoient d'organiser un ultime banquet le 19 janvier 1848. Devant l'interdiction des autorités, ils acceptent d'abord de le repousser au 22 puis de le décommander. Ils sont aussitôt dépassés par leur base. Comme en 1789 et en 1830, c'est de la résistance que naît l'explosion et d'un simple incident que sort une révolution. Là encore, c'est à Paris que le drame en trois actes se joue.

Les journées de février

Bravant l'interdiction de Guizot, des ouvriers venus des faubourgs de l'est et des étudiants du Quartier Latin menés par quelques dirigeants improvisés et sans doute quelques meneurs de sociétés secrètes affluent place de la Madeleine, le 22 au matin. Si la foule n'excède pas 3 000 personnes et que la troupe reste maîtresse de la situation, le mécontentement ne retombe pas. Le 23, le peuple, cette fois plus nombreux, redescend dans la rue. Le gouvernement décide alors de recourir à la garde nationale bourgeoise, symbole et rempart de la monarchie de Juillet. La défection de la garde qui fraternise avec la foule car elle se reconnaît dans ses revendications et ne juge point la société menacée, sonne le glas du pouvoir de Guizot. Elle ouvre les yeux de Louis-Philippe qui se rend subitement compte de l'impopularité de son ministre et qui se résout à le remplacer par Molé, ce qui équivaut à accepter la réforme. « L'allégresse était dans l'air, la satisfaction sur tous les visages », écrit Daniel Stern dans son *Histoire de la Révolution de 1848*.

C'est alors que se produit un tragique rebondissement. En soirée, la foule se rend boulevard des Capucines pour manifester sa joie sous les fenêtres de Guizot autant que pour provoquer le ministre déchu. Se croyant menacée, la garde ouvre le feu pour se dégager. Seize personnes sont tuées dont un enfant. Plutôt que la thèse du machiavélisme des républicains (ils auraient sciemment provoqué la fusillade pour renverser le régime), il faut privilégier celle de l'accident dont l'histoire contemporaine de la France nous fournit de multiples autres exemples. Ce qui est en revanche certain, c'est que la fusillade radicalise l'exigence (le régime est désormais en jeu) et qu'elle est habilement

La promenade des cadavres,
le 23 février 1848. (BnF)

exploitée. Par une mise en scène savamment orchestrée, les cadavres sont promenés dans les rues sur un chariot attelé d'un cheval blanc pendant qu'un ouvrier exhorte la foule à la vengeance. Il est entendu. Pendant la nuit et au petit matin, Paris se hérisse de plus de 1 500 barricades. Aux « combattants de proximité », se joignent des « insurgés aux horizons plus larges » qui sont dotés d'une grande culture politique. Ces hommes « diffèrent peu des participants aux autres grandes insurrections parisiennes de la période » (Mark Traugott, [42]). Le monde ouvrier coudoie la jeunesse estudiantine et la petite bourgeoisie. Pendant ce temps, aux Tuileries, le roi n'a plus de gouvernement (Molé renonce, Thiers se dérobe et Odilon Barrot n'a pas le temps de constituer une équipe). Le maréchal Bugeaud nommé commandant supérieur de l'armée et de la garde nationale de Paris est convaincu qu'il peut vaincre l'émeute, mais le souverain refuse la solution de force (Jean-Pierre Bois, [250]). Beaucoup trop de sang a déjà coulé. On estime, en effet, que les trois journées ont fait 350 morts et au moins 500 blessés. Lorsque le palais commence à être attaqué par la foule, vers midi, le roi abdique en faveur de son petit-fils de neuf ans puis se résout à prendre le chemin de l'exil. Au début de l'après-midi, la duchesse d'Orléans se rend au Palais-Bourbon pour y faire investir son fils et y faire proclamer la régence. Il est trop tard.

Sous la pression des manifestants, décidés à ne pas se laisser voler la victoire, un gouvernement parlementaire est constitué. Comme une équipe ministérielle plus avancée est en train de se former dans le même temps à l'Hôtel de Ville, théâtre de toutes les révolutions depuis 1789, Lamartine, Ledru-Rollin et quelques autres députés décident de se rendre sur place. C'est là qu'est constitué, en soirée, le gouvernement provisoire. Fruit d'un compromis entre les députés de gauche et les deux grands journaux du parti républicain, il comprend onze membres dont cinq sont des parlementaires modérés et libéraux et un, Ledru-Rollin, un radical. Il leur est adjoint le banquier Goudchaux, destiné à rassurer les milieux d'affaires, les directeurs du *National* et de *La Réforme,* Marrast et Flocon, le socialiste Louis Blanc et l'ouvrier Albert, dirigeant de société secrète et qui sert, en quelque sorte, de caution populaire. Ces quatre hommes qui représentent l'aile gauche du parti républicain sont cantonnés dans des fonctions subalternes. Si la présidence est confiée de façon honorifique à Dupont de l'Eure, le doyen du gouvernement et le seul à avoir déjà été ministre, il apparaît que les deux hommes forts du nouveau pouvoir sont Lamartine et Ledru-Rollin, qui s'attribuent les deux portefeuilles les plus importants (les Affaires étrangères pour le premier et l'Intérieur pour le second). Leur volonté commune de conciliation les place tous deux en position d'arbitres vis-à-vis de leurs collègues situés plus à droite ou plus à gauche.

Dans la proclamation qu'il rédige aussitôt, le gouvernement affirme vouloir la République, mais il entend consulter la population à ce sujet. La pression du peuple parisien en décide autrement. Le lendemain, les ministres doivent annoncer la République. Marc Caussidière qui a pris le contrôle de la préfecture de police et dont le passé tumultueux inquiète la bourgeoisie est également confirmé dans ses nouvelles fonctions. En revanche, le gouvernement ne cède pas à la foule qui tente de lui imposer le drapeau rouge pour remplacer le drapeau tricolore qu'aurait déshonoré Louis-Philippe. Lamartine parvient à faire prévaloir l'idée qu'un drapeau doit être l'emblème non d'un régime mais de la nation. « Le drapeau rouge que vous nous rapportez n'a jamais fait, dit-il, que le tour du Champ-de-Mars traîné dans le sang du peuple en 91 et en 93, et le drapeau tricolore a fait le tour du monde avec le nom, la gloire et la liberté de la patrie ! » Par esprit d'apaisement, il est cependant décidé qu'une rosette rouge ornera la hampe. Quant à la fonction stratégique de directeur des Postes, elle est confiée au modéré Étienne Arago, frère du savant et ministre. C'est par son intermédiaire que se fait la communication avec la province. Cette dernière est rapidement informée du renversement de la monarchie. Le corps préfectoral, l'armée, les municipalités ou encore les notables n'offrent pas de résistance particulière. Le cas de Lons-le-Saunier qui attend le 3 mars pour proclamer la République parce que sa garde nationale reste fidèle au roi est isolé.

De l'illusion lyrique aux grandes réformes

Au lendemain de la révolution de Février, une impression rare dans notre histoire prévaut. Une immense espérance soulève tout le pays. La fraternité rejoint la liberté et l'égalité pour constituer la devise nationale. L'idée d'une disparition des luttes partisanes, voire d'une fusion des classes se fait jour. Les ouvriers croient que leur sort va s'améliorer à brève échéance. Les étudiants et les intellectuels partent vers les petites villes ou les campagnes pour y prêcher la bonne parole. Les bourgeois et les prêtres se rassurent en voyant que le nouveau régime n'est pas synonyme d'anarchie, de terreur ou de déferlement d'anticléricalisme. Toute la France semble être devenue républicaine. Le nom même de « républicain » qui était proscrit avant les journées de Février est adopté par tant de Français que l'on doit distinguer les « républicains de la veille » (les rares qui étaient républicains avant la révolution) des « républicains du lendemain » (tous ceux qui le sont devenus depuis). Si certains ralliés sont manifestement convaincus des mérites du nouveau régime (ainsi ces catholiques sociaux qui baptisent du nom d'*Ère Nouvelle* le journal qu'ils fondent en avril), nul doute n'est permis : l'opportunisme, l'espoir que la République est un état transitoire ou le dépit sont des motifs bien plus répandus. C'est ainsi que les légitimistes se satisfont provisoirement de la chute de l'usurpateur Louis-Philippe, que la gauche dynastique et le centre gauche sont encore à leur joie d'avoir vaincu Guizot et que les bonapartistes voient dans les événements un immense espoir de rentrer en scène. Lucide, *Le Charivari* note : « Si j'étais gouvernement, je tremblerais en ne me voyant pas d'ennemis ». Il n'en demeure pas moins que « cette adhésion pour suspecte qu'elle soit, a cependant l'avantage de ne pas faire du régime en lui-même un enjeu immédiat de désaccords » (Raymond Huard, [7]).

Dans le plus pur romantisme dont on ne sait pas encore qu'il vit ses derniers feux, les scènes de fraternisation se multiplient. L'on s'interpelle du nom de « citoyen » comme aux plus belles heures de la Révolution, mais les lanternes où l'on pendait alors les aristocrates sont remplacées par les lampions. Dès le 26 février, la peine de mort pour délit politique est abolie. Dans un grand élan, tous les prisonniers politiques sont libérés de leurs geôles. Le 5 mars, les morts de février ont droit à des funérailles somptueuses à la Madeleine et deviennent des héros consensuels de la patrie. Suspendu par la monarchie de Juillet, Michelet retrouve triomphalement sa chaire au Collège de France. La fête de la Fraternité célébrée à Paris, le 20 avril, connaît un immense succès. Mais rien ne symbolise mieux ce que l'on qualifiera d'« esprit de 1848 » que la plantation des « arbres de la liberté » d'abord dans la capitale, puis en province, y compris dans les plus humbles villages (Alain Corbin, [135]). Comme les autorités civiles, le clergé accepte de bonne grâce de participer à ces cérémonies. Chrétiens, spiritualistes et humanistes communient dans un avenir de progrès. Des catholiques comme Frédéric Ozanam ou Armand de Melun qui n'ont pas attendu 1848 pour s'intéresser au sort du peuple (le premier a fondé la Société Saint-Vincent-de-Paul en 1833 et le second *Les Annales de la Charité* en 1845 et la Société d'Économie charitable,

Érection d'un arbre de la Liberté
devant l'Hôtel de Ville de Paris.
Lithographie de Fichot et Gaildreau.
(Archives Hachette - L.G.F.)

l'année suivante) tendent la main aux révolutionnaires. Nombreux, parmi ces derniers, l'acceptent. Buchez, Cabet ou Pierre Leroux, pour n'en citer que trois, considèrent en effet le Christ comme le prophète de la République (Frank Paul Bowman, [178]).

Cette même fraternité se retrouve dans l'attitude adoptée à l'égard des autres peuples. Si la France n'a pas été la première à se soulever contre ses dirigeants puisque des insurrections ont éclaté en Italie, quelques semaines auparavant, pour secouer le joug autrichien, le grand mouvement parisien sert de modèle et joue un rôle indéniable dans l'embrasement de l'Europe. Paris n'est-elle pas la capitale des exilés depuis la Révolution de 1789 ? Le sort des peuples opprimés (Polonais, Italiens, Irlandais) émeut les milieux intellectuels et la classe ouvrière qui souhaiteraient que la France se place à la tête d'une croisade libératrice (Georges Duveau, [2]). Le poète lyonnais Pierre Dupont incarne fort bien cet état d'esprit : « Les peuples sont pour nous des frères. Et les tyrans des ennemis. » En fait, il s'agit là d'une fraternité sélective qui est beaucoup plus une nouvelle version du patriotisme révolutionnaire qu'un internationalisme avant-gardiste (Maurice Agulhon, [4]). La ligne gouvernementale est autre. Le 4 mars, Lamartine l'explicite dans la circulaire qu'il adresse aux ambassadeurs français en poste à l'étranger. Ce manifeste est un savant dosage destiné à la fois à rassurer les chancelleries et à entretenir l'espoir des peuples. Comme l'hypothèse d'une intervention des puissances conservatrices contre la jeune République française n'est pas levée, la France se veut rassurante. Elle déclare la paix au monde et n'entend mener aucune guerre de libération ou de propagande. Du reste, « il n'y a de libertés durables que celles qui naissent d'elles-mêmes sur leur propre sol ». Cependant, si la France ne compte pas « déchirer la carte de l'Europe », elle saura se défendre si elle est agressée et elle doit retrouver la place qu'elle a perdue en 1815. Elle a

« conscience de sa mission libérale et civilisatrice dans le siècle » et aspire à devenir la médiatrice du continent.

Mais, n'en déplaise à Lamartine qui incarne mieux que nul autre cette période, tant par son lyrisme poétique que par sa volonté conciliatrice, le temps ne peut suspendre son vol et les heures propices leur cours, car les problèmes à régler sont nombreux. Au premier chef, le gouvernement se doit de traiter la question ouvrière. S'il se compose d'une majorité de modérés et de libéraux qui entendent faire passer des réformes politiques, mais renvoyer à plus tard les mesures sociales, il doit compter, nous l'avons dit, avec la pression populaire. Installé devant l'Hôtel de Ville, le peuple de la capitale est vigilant et envoie régulièrement des pétitions ou des délégations pour faire connaître ses doléances aux ministres. Dès le 24, il obtient la restitution à leurs possesseurs des objets de moins de dix francs engagés au mont-de-piété et la création aux Tuileries d'un asile pour les invalides du travail. Le 25, le droit au travail est reconnu aux ouvriers, des bons de pain sont émis pour soulager la misère et une garde nationale mobile, destinée à recevoir les jeunes travailleurs sans emploi, est constituée. Le lendemain, des Ateliers nationaux sont créés pour les chômeurs. Depuis 1839, le socialiste Louis Blanc défend l'idée d'ateliers sociaux, véritables coopératives de production soutenues par l'État, où les ouvriers seraient leurs propres maîtres. Cette conception ne recueille qu'une minorité de voix au sein du gouvernement. Ce dernier retient finalement la forme plus traditionnelle des ateliers de charité où le chômeur est occupé à une tâche peu valorisante. Il s'agit malgré tout d'un progrès, d'autant plus que le salaire y sera de 2 francs par jour, somme supérieure à celle qui est proposée d'ordinaire. Cependant, lorsque, le 28, une nouvelle manifestation ouvrière vient réclamer un ministère du Travail ou du Progrès social, la majorité des ministres sont décidés à refuser. Ils n'entendent pas aller trop loin dans la voie des concessions sociales. Louis Blanc et Albert doivent menacer d'abandonner leurs collègues à la colère populaire pour qu'une transaction soit finalement trouvée. Si l'idée de ce nouveau ministère est abandonnée, une Commission du gouvernement pour les travailleurs est instituée. Installée au palais du Luxembourg, elle sera chargée d'étudier les moyens d'améliorer le sort des classes laborieuses. Elle réunira 231 représentants patronaux et 699 ouvriers des différents métiers sous la présidence de Louis Blanc, assisté d'Albert. Le 29, le gouvernement annonce encore une plus juste répartition des impôts et le 2 mars, il abolit le marchandage (qui fait pression à la baisse sur les salaires par les intermédiaires des entrepreneurs) et il réduit d'une heure la journée de travail (qui passe donc de 11 à 10 heures à Paris et de 12 à 11 en province). Depuis la Révolution française, il n'en a jamais été fait autant pour les ouvriers.

Mais l'action du gouvernement s'exerce dans de multiples autres directions. En une quinzaine de jours, des dizaines de décrets sont adoptés. Ils modifient radicalement la société française. C'est ainsi que le suffrage universel, dont le principe avait été admis dès les premières heures du nouveau régime, est institué le 2 mars. En cela, les révolutionnaires de 1848 sont les héritiers de ceux de 1792 qui avaient instauré le vote universel, au lendemain du renversement de Louis XVI. Ils s'inscrivent également dans la continuité de la grande Révolution en abolissant de nouveau l'esclavage (la première abolition a duré huit ans de 1794 à 1802). Influencés par la Société des Amis des Noirs et la pensée de Brissot, mais aussi par les abolitionnistes britanniques, quelques hommes autour du duc Victor de Broglie, de François de Montrol et de Lamartine ont fondé, en 1834, la Société pour l'abolition de l'esclavage. On en retrouve plusieurs dans la commission créée le 4 mars 1848 « pour préparer dans les plus brefs délais l'acte d'émancipation immédiate (des esclaves) dans toutes les colonies ». Si le principe est acquis d'emblée, la commission et son président Victor Schœlcher ont du mal à régler les modalités d'application devant l'hostilité des colons et l'inquiétude des Chambres de commerce. Le décret d'abolition est finalement adopté le 27 avril (Nelly Schmidt, [278]). Dans d'autres domaines, les décrets des 4, 5 et 6 mars accordent une liberté complète à la presse et aux réunions publiques. Un décret du 8 mars ouvre la garde nationale à tous les citoyens. Le même jour, Hippolyte Carnot, en charge de l'Instruction publique, obtient la création d'une École Nationale d'Administration chargée de former les futurs cadres de la jeune République, sur la base du mérite. Autres témoignages de l'activité foisonnante du nouveau gouvernement : les châtiments corporels sont abolis le 12 mars et la contrainte par corps le 19 !

La persistance des difficultés

Le gouvernement ne peut se contenter de décréter de grandes réformes et de prêcher la réconciliation nationale ; il doit aussi se faire respecter et récompenser ses fidèles. Dès ses premiers jours d'existence, il entreprend une épuration qui ne touche que les postes politiquement les plus exposés, mais amène un changement quasi complet du personnel dirigeant [47]. L'inamovibilité de la magistrature, jugée contraire au principe républicain, est supprimée. Le siège comme le parquet sont presque entièrement renouvelés. Vingt-sept des vingt-huit procureurs généraux sont par exemple remplacés. Le corps préfectoral de la monarchie de Juillet est totalement épuré. À la dénomination de « préfet » qui rappelle trop les régimes monarchiques, est substituée celle de « commissaire de la République ». Si la plupart des hommes choisis par Ledru-Rollin pour exercer ces fonctions sont compétents et modérés, certains sont aussi des despotes ou des démagogues. Delescluze dans le Nord ou Deschamps en Seine-Inférieure privilégient le combat politique et social sur la réconciliation des classes (A. Dubuc, [2]). Certains de ces commissaires sont jugés trop simples, trop familiers ou trop jeunes et déçoivent leurs administrés. Benjamin du nouveau corps avec ses vingt-deux ans et demi, le lamartinien Émile Ollivier a parfois du mal à être obéi des populations des Bouches-du-Rhône et du Var (Georges Coulet, [283]). À leur décharge, ces hommes trouvent parfois une situation locale difficile.

Les événements parisiens sont arrivés en province sous forme d'échos déformés. Certains ont cherché à profiter de la faiblesse du gouvernement ; d'autres à anticiper sur des mesures qui ne manqueraient pas d'être décrétées. Quoique très répandu, le climat de fraternité n'est pas unanime. Les lendemains de la Révolution de Février comptent aussi leur lot de violences urbaines et de fureurs paysannes. À Lyon, Rouen, Lille ou Limoges, les ouvriers s'en prennent verbalement et parfois physiquement à leurs patrons. Des machines sont brisées. En manifestant dans les rues de Lyon, les canuts suscitent l'effroi de la bourgeoisie locale (Vincent Robert, [164]). Dans les campagnes, le rétablissement des anciens droits d'usage et l'augmentation des salaires agricoles sont violemment réclamés. Des milliers d'arbres sont abattus dans les forêts domaniales et communales et des gardes forestiers sont molestés. Des notables accusés d'avoir enclos au détriment des communaux sont attaqués et quelques châteaux pillés. En Alsace, certains usuriers juifs sont agressés. Le mouvement prend aussi rapidement un tour antifiscal. Les registres des percepteurs, des receveurs de l'enregistrement, des conservateurs des hypothèques sont brûlés. Des bureaux de l'octroi sont détruits. Très vite, se développe aussi une rancœur à l'égard d'un gouvernement qui fait tant pour les ouvriers et si peu pour les paysans. La situation économique et financière ne fait rien pour rapprocher ceux-ci du gouvernement. La Révolution a relancé une crise qui semblait devoir prendre fin. Par peur, les Anglais et les grands notables ont retiré leurs capitaux des affaires et des établissements de crédit (André-Jean Tudesq, [172]). Le 7 mars, à la réouverture de la Bourse de Paris qui est fermée depuis le 22 février, les cours de toutes les valeurs s'effondrent. La rente 5 %, baromètre de la confiance publique qui était à 113 francs avant la fermeture de la Bourse, tombe à 89 francs. La Banque de France reçoit des demandes massives de conversion des billets en or. Les caisses de Crédit doivent suspendre leurs paiements. La plus grosse banque d'escompte de la capitale fait faillite. Cette situation financière critique qui place l'État au bord de la banqueroute ne permet pas les demi-mesures. Pour les libéraux au pouvoir attachés à l'orthodoxie financière, il ne peut être question d'adopter les solutions préconisées par certains socialistes. Le souvenir de l'échec des assignats révolutionnaires est encore dans toutes les têtes. Après avoir imposé le cours forcé des billets le 15 mars, Garnier-Pagès, qui a succédé à Goudchaux au ministère des Finances, décrète le lendemain une sérieuse augmentation des impôts. Chaque franc d'impôt à payer au titre des contributions directes sera grevé de 45 centimes supplémentaires. Cet « impôt des 45 centimes » touchera surtout les paysans qui forment la majeure partie de la nation. Déjà très affectée dans les campagnes, la popularité du gouvernement tombe au plus bas, d'autant que les produits agricoles ne se vendent plus.

La pénurie de capitaux provoque également la faillite de plusieurs centaines d'établissements industriels et commerciaux et des licenciements massifs. Les chômeurs affluent par milliers dans les Ateliers nationaux où l'on est contraint de baisser les salaires. En outre, le ministre des Travaux publics, Marie, qui est responsable des Ateliers et qui a toujours été hostile au principe, leur donne une organisation très militaire (escouades, brigades, lieutenances...). Soumis à une discipline de fer et employés à des basses œuvres (travaux de terrassement...), les ouvriers des Ateliers sont de plus en plus sensibles à la propagande socialiste et commencent à s'agiter. Les débats interminables et stériles de la Commission du Luxembourg et l'extrémisme des idées qui y sont présentées ne servent pas les intérêts des ouvriers et discréditent la gauche gouvernementale et en particulier Louis Blanc.

Par ailleurs, la libéralisation du régime de la presse et des réunions entraîne une multiplication des journaux, des associations et des clubs qui rappelle, là encore, les débuts de la grande Révolution. Selon Peter H. Amann [31], on compte ainsi rapidement plus de deux cents clubs à Paris, une cinquantaine à Lyon, une vingtaine à Rouen... Le moindre bourg possède le sien. Au total, plusieurs centaines de milliers de personnes participent aux réunions. De même que les manifestations étudiées par Vincent Robert [164], le phénomène traduit une réelle libération de la parole et du mouvement ainsi qu'une politisation des masses. Déjà, une grande partie de la bourgeoisie commence à s'en inquiéter et à fulminer contre la faiblesse des ministres. Pour la première fois, le 16 mars, les conservateurs manifestent contre la République. Les compagnies bourgeoises de la garde nationale, les « bonnets à poil », protestent contre leur dissolution, deux jours plus tôt, à la demande du peuple.

L'élection d'une Assemblée constituante et les premières mesures de réaction

C'est dans ce climat que se préparent les élections législatives. L'événement est d'importance puisque l'Assemblée qui sortira des urnes est censée légitimer la Révolution et doter la France d'une Constitution. Il

La substitution du Droit à la Force. (BnF)

donnera l'occasion d'appliquer pour la première fois « la loi électorale... la plus large qui... ait jamais convoqué le peuple à l'exercice du suprême droit de l'homme, sa propre souveraineté ». Par le décret du 5 mars et l'instruction du 8, le gouvernement a précisé la façon dont il conçoit et entend mettre en pratique le suffrage universel. Est électeur tout Français âgé de 21 ans au moins qui a six mois de résidence, qui est inscrit sur la liste électorale de sa commune et qui n'est pas frappé d'indignité. Il est prévu que les militaires ou les colons français d'Algérie votent, mais point le sexe faible. Un petit groupe de femmes parisiennes constituées en « Comité pour les droits des femmes » vient demander au gouvernement pourquoi la moitié de la population a ainsi été oubliée. Conservateurs et progressistes de la gent masculine se trouvent d'accord pour opposer une fin de non-recevoir à l'initiative, même si les motivations diffèrent. Alors que les premiers avancent la nécessité de maintenir la cohésion familiale et l'autorité du mari, les seconds craignent le vote clérical des femmes. Il y aurait quelque illogisme à accorder un droit politique à des « êtres mineurs » placés sous la tutelle juridique de leur père ou de leur mari. Pour George Sand elle-même, le problème féminin est avant tout culturel et social. Elle refuse donc de soutenir le combat du Comité (Michèle Riot-Sarcey, [75]). En dépit de cette absence, le corps électoral passe de 240 000 électeurs à près de 9,4 millions. La révolution est de taille. Pour éviter l'influence des coteries et les politiques de clocher, l'élection n'aura plus lieu au scrutin uninominal, dans le cadre de collèges locaux, mais au scrutin de liste départemental ouvert et à un seul tour. De façon significative, les élus ne seront d'ailleurs plus appelés « députés » de tel endroit, mais « représentants du peuple ». Ces derniers pourront être jeunes (car l'âge d'éligibilité n'est que de vingt-cinq ans) et pauvres (puisqu'ils recevront une indemnité parlementaire de 25 francs par jour pendant la session). Cependant, on votera au chef-lieu de canton et non dans chaque commune, ce qui limite la démocratisation du scrutin.

Très vite, les républicains avancés redoutent que la consultation n'aboutisse à un résultat désastreux pour eux-mêmes et plus largement pour la République, car le peuple est peu instruit politiquement et demeure sous la dépendance des notables et du clergé. Une manifestation est organisée le 17 mars pour alerter le gouvernement. Elle est un grand succès puisqu'elle rassemble environ 200 000 personnes et qu'elle obtient le report des élections du 9 au 23 avril. Carnot fait diffuser le *Manuel de l'instituteur pour les électeurs* de l'historien Henri Martin ou encore le *Manuel républicain* du philosophe Charles Renouvier. De son côté, Ledru-Rollin nomme vingt-quatre commissaires généraux pour stimuler l'action de commissaires de la République qu'il juge maintenant trop modérés. Dans sa circulaire du 8 avril, il invite l'administration à éclairer l'opinion et à favoriser l'élection des républicains de la veille. Il apparaît cependant que les quinze jours supplémentaires seront insuffisants. Le 16 avril, a lieu une nouvelle manifestation populaire pour obtenir un ajournement beaucoup plus long des élections, mais, cette fois, la majorité gouvernementale ne cède pas. C'est le premier grand échec du peuple de Paris.

Cette élection qui se déroule donc le 23 avril 1848 constitue « un saut dans l'inconnu » pour la jeune République. Dans une page célèbre de ses *Souvenirs,* Alexis de Tocqueville nous a laissé le témoignage de la journée. Après la grand-messe de ce dimanche de Pâques, les électeurs se rendent en cortège au chef-lieu de canton, précédés par leur curé, leur maire et les notables de leur village. L'ambiance est festive. Comme le nombre de candidats (huit en moyenne par siège à pourvoir) et le taux global de participation (près de 84 % des inscrits), elle témoigne de l'intérêt suscité par les élections. Si les notables ne peuvent s'empêcher de conseiller leurs « gens », si les analphabètes sont d'ailleurs contraints de demander l'aide des plus instruits pour voter et si quelques incidents se produisent, le scrutin, pour une première, est une réussite. Le flou des étiquettes (on se dit, la plupart du temps, « républicain » sans autre précision) et des programmes (on évoque la nécessité de réformes, sans indiquer lesquelles) ainsi que l'absence d'homogénéité des listes expliquent la difficulté qu'ont rencontrée les contemporains puis les historiens pour interpréter les résultats. À la suite de Charles Seignobos, l'élection a longtemps été présentée comme un succès pour les républicains modérés et donc pour la tendance la mieux représentée au sein du gouvernement provisoire. De fait, tous les ministres sont élus. Lamartine est désigné par dix départements et arrive même en tête dans la capitale. Les travaux de George W. Fasel ou de Frederick A. de Luna [63] ont pourtant montré que la composition de la Constituante est beaucoup plus conservatrice qu'on l'a longtemps cru. Ainsi, sur 851 élus qui s'apprêtent à siéger, on compterait seulement 230 républicains modérés face à 250 orléanistes, 56 légitimistes, 55 radicaux, 5 bonapartistes, 133 monarchistes d'obédience inconnue et 122 représentants qui n'affichent pas d'opinions bien nettes et qui, selon de Luna, doivent être plutôt classés à droite. Cette thèse est peut-être trop critique à l'égard de certains ralliements. Elle a au moins le grand mérite de montrer l'écart très réel entre la volonté des Français qui entendent rejeter à la fois la réaction monarchiste et la révolution sociale et la traduction électorale de ces mêmes aspirations. Elle explique aussi, en partie, pourquoi les républicains de gouvernement vont rapidement mener une politique plus à droite. La déception de la gauche républicaine qui est la grande perdante du scrutin se traduit par des troubles en province. À Limoges, le petit peuple prend le contrôle de la ville, provoquant, pendant plusieurs jours, un exode des bourgeois (Philippe Vigier, [174] et Alain Corbin, [132]). À Rouen surtout, la défaite de Deschamps et de sa liste radicale entraîne la fureur populaire. Les combats de rue font plus de trente morts (A. Dubuc, [2]).

Le 4 mai, a lieu la première réunion de la Constituante. Elle croit devoir proclamer de nouveau la République à l'unanimité et « à la face du ciel ». De façon significative, cette date sera retenue comme anniversaire du régime et non celle du 24 février. Les Constituants préfèrent naturellement la légitimation par les urnes à celle des barricades. Si le socialiste chrétien Buchez est porté à la présidence de l'Assemblée, il a pour vice-président, et bientôt successeur, Sénard, le vainqueur de Deschamps à Rouen et l'homme de la répression sanglante. Tout un symbole ! Une Commission exécutive de cinq membres qui rappelle fortement le Directoire de 1795 succède au gouvernement provisoire. Les Constituants qui sont chargés de l'élire prennent soin d'en exclure les royalistes avérés, mais aussi les socialistes comme Louis Blanc. Le radical Ledru-Rollin est élu très difficilement, en cinquième position et sur les instances de Lamartine. Héros des élections législatives, ce dernier recueille lui-même beaucoup moins de voix que trois républicains modérés : François Arago, Garnier-Pagès et Marie, élus dans cet ordre. Marrast qui fait figure de chef de parti à l'Assemblée est confirmé dans la fonction de maire de Paris qu'il occupe depuis début mars. Quant au gouvernement, il est lui aussi remanié dans un sens très favorable à la tendance du *National*. Le général Cavaignac devient, par exemple, ministre de la Guerre. En province, les commissaires de la République trop avancés sont systématiquement remplacés. S'entame alors un processus de résistance aux revendications populaires. Le 10 mai, la Constituante refuse la création d'un ministère du Progrès que réclame de nouveau Louis Blanc et se contente de nommer une commission d'enquête sur la situation des travailleurs des villes et des campagnes. Le 12, elle interdit aux délégations des clubs de venir lui présenter leurs pétitions.

Prenant comme prétexte le refus d'engagement du gouvernement français en faveur des Polonais opprimés, une manifestation populaire réunissant sans doute près de 150 000 personnes est organisée le 15 mai. Elle dégénère rapidement et aboutit à l'invasion du Palais-Bourbon. Huber, grande personnalité des clubs de la capitale, y proclame la dissolution de l'Assemblée et annonce la formation d'un nouveau gouvernement que Barbès et Blanqui vont proclamer à l'Hôtel de Ville. Il s'agit donc bel et bien d'une tentative de coup d'État. Cependant, la garde nationale, aidée de l'armée et de la garde mobile, parvient rapidement à faire évacuer la salle et à dégager l'Hôtel de Ville. Huber, Blanqui, Barbès, Raspail, Albert et quelques autres, sont envoyés en prison. Il s'agit des premiers prisonniers politiques depuis les journées de Février. Quant à Caussidière, il est chassé de la préfecture de police. Invoquant la personnalité ambiguë du principal animateur de la journée, Huber, et la troublante absence de défense de l'Assemblée, certains historiens considèrent cette insurrection comme un piège tendu à l'extrême gauche pour mieux l'éliminer (Henri Guillemin, [15]). D'autres ne voient qu'improvisation d'un côté, surprise de l'autre et opportunités à saisir pour les uns et pour les autres (Peter H. Amann, [31] et Jean-Paul Brunet, [39]). Ce qui est indéniable, en revanche, c'est que la journée entraîne un nouveau glissement à droite de la politique gouvernementale et de l'Assemblée. Le lendemain, la commission du Luxembourg est supprimée. De nombreux clubs sont fermés. Le gouvernement envisage aussi de dissoudre les Ateliers nationaux qui emploient maintenant plus de 115 000 chômeurs auxquels on a de plus en plus de mal à trouver du travail. Les conservateurs ironisent sur les « râteliers nationaux » et le légitimiste Falloux dénonce, dans son rapport sur leur fonctionnement, cette « grève permanente et organisée à 170 000 francs par jour ». Contrairement à Lamartine qui souhaite leur disparition progressive et le placement des ouvriers sur les chantiers de construction de chemins de fer, le comte de Falloux prône la liquidation totale et rapide. Les élections législatives complémentaires du 4 juin retardent l'adoption d'une solution. En effet, elles marquent la polarisation de l'opinion vers les extrêmes. Les républicains de gouvernement craignent de s'aliéner définitivement les ouvriers. Le soutien des paysans leur fait déjà en grande partie défaut. À la veille des élections du 23 avril, ils avaient prudemment différé la levée de « l'impôt des 45 centimes », mais celle-ci est désormais en cours. Elle donne lieu à de très vives résistances. À Guéret, le 15 juin, la troupe tire sur la foule. On compte 16 morts et 25 blessés. Devant l'agitation dont les ouvriers des Ateliers se rendent coupables et l'impatience croissante de la majorité des parlementaires, le gouvernement se décide néanmoins à agir. Le 21 juin, il adopte les mesures préconisées par Falloux : invitation à s'engager dans l'armée pour tous les employés de moins de 25 ans, envoi des autres sur des chantiers de province. À terme, cela équivaut à supprimer les Ateliers. Dès le lendemain, un premier convoi doit d'ailleurs partir pour la Sologne dont on prévoit d'assécher les marais. Tout est en place pour l'explosion.

II

L'ÉCHEC D'UNE RÉPUBLIQUE CONSERVATRICE

Les journées de juin

Dès le matin du 22, une délégation ouvrière vient protester auprès de la Commission exécutive contre la décision qui vient d'être prise. Elle est reçue sèchement par Marie. L'Est parisien, la partie la plus populaire de la capitale, répond le lendemain en se hérissant de barricades. S'opère alors une véritable « fusion de la barricade et de la rue » (ralliement massif des riverains, abattage des cloisons des maisons, creusement de passages souterrains) très inquiétante pour les autorités (Emmanuel Fureix, [42]). Le 24, l'état de siège est décrété par l'Assemblée. La Commission exécutive est démise de ses fonctions et les pleins pouvoirs sont confiés au général Cavaignac. Celui-ci dispose de la garde nationale des quartiers ouest, de la garde mobile et de l'armée, soit 50 000 hommes environ. En outre, il est fait appel à la garde nationale de province. Le 25, alors que les combats font rage, l'archevêque de Paris, Mgr Affre, tente une médiation. Entre deux barricades, il est atteint par une balle perdue et expirera le surlendemain (R. Limouzin-Lamothe, [2]). De son côté, le général Brea est assassiné par les insurgés alors qu'il est en train de négocier avec eux. Cavaignac lance alors l'offensive. Après avoir protégé le Palais-Bourbon et l'Hôtel de Ville, ces hauts lieux de la légitimité

Place de la Bastille : maison détruite par le canon
lors des journées de juin. (BnF)

politique, il reprend les quartiers révoltés au canon, les uns après les autres. Refoulés dans le faubourg Saint-Antoine comme leurs prédécesseurs de prairial an III, les derniers combattants sont écrasés dans la journée du 26.

Certains ont voulu voir dans ce soulèvement, qui frappe par sa soudaineté et son ampleur, une œuvre préméditée de longue main par des factieux réunis dans les Ateliers nationaux, les clubs ou les associations ouvrières. Peter H. Amann [31] et Rémi Gossez [148] ont établi qu'il n'en est rien. Il s'agit bien plutôt d'un mouvement spontané qui s'explique par le sentiment d'une trahison et par la volonté de défendre une République menacée de réaction, mais aussi par la faim et par la crainte de l'indigence. Si l'on trouve quelques petits patrons ou ingénieurs parmi les insurgés, la majorité d'entre eux sont des prolétaires. Il y a bien aussi des ouvriers du côté des forces de l'ordre, en particulier dans la garde mobile. Marx et Engels en font des délinquants, un sous-prolétariat en haillons (lumpenproletariat) totalement instrumentalisé par les autorités. Ils exagèrent manifestement le trait (on trouve peu de repris de justice dans la garde mobile) car ils élaborent alors leur théorie de la lutte des classes et veulent à toute force faire des journées de juin un affrontement pur entre bourgeoisie et prolétariat. Depuis, il a été prouvé que la majorité des membres de la garde mobile sont bien de jeunes chômeurs sans qualification, pas encore intégrés au prolétariat de la capitale et moins politisés que lui. Ils soutiennent le régime parce qu'ils n'ont aucune conscience de classe, qu'ils jalousent leurs aînés en apparence plus favorisés qu'eux et surtout parce que la solde qui leur est versée leur permet d'éviter la misère (Pierre Caspard, [128]). Plus naturellement, l'ordre est aussi défendu par les propriétaires, en particulier au sein de la garde nationale traditionnelle, par les étudiants, pour la plupart d'origine bourgeoise et qui ne sont plus du côté de l'insurrection comme en février 1848 (Jean-Claude Caron, [42] et [200]) ou encore par une province quasi unanime. C'est ainsi que les paysans combattent dans l'armée, que l'on assiste dans les campagnes à certaines scènes de panique qui rappellent la grande Révolution et que les départements, à quinze exceptions près, envoient des gardes nationaux pour défendre l'Assemblée. La tentative de soulèvement de Marseille est une exception et fait rapidement long feu.

Ces journées de juin creusent donc davantage le fossé qui sépare déjà ceux qui privilégient la justice sociale et ceux qui considèrent la défense de l'ordre et de la propriété comme des priorités absolues. Chacun estime être dans son droit. Pour les uns, un gouvernement, qui plus est, issu du suffrage populaire, s'était prononcé et il fallait se plier à sa volonté. Pour les autres, la Révolution de Février avait légitimé les barricades et le recours à cette forme de protestation était naturel, face à une décision inique (Laurent Clavier et Louis Hincker, [42]). À ces deux logiques antagonistes, s'ajoutent l'effroi passé des vainqueurs, le désespoir présent des vaincus et les victimes des deux camps. L'insurrection a fait plusieurs milliers de morts (environ 1 000 parmi les forces de l'ordre, plus de 4 000 chez les insurgés dont 1 500 sommairement fusillés). Elle entraîne 25 000 arrestations dont 11 500 durables et 4 000 déportations en Algérie dont seules, il est vrai, 450 à 500 seront effectives (Rémi Gossez, [148]). Un point de non-retour est bien atteint.

La République qui se met alors en place est nettement conservatrice. Dès le 28, Cavaignac remet ses pouvoirs à l'Assemblée. Après avoir décrété qu'il a « bien mérité de la patrie », les représentants du peuple lui confient le pouvoir exécutif avec le titre de président du Conseil des ministres, tout en le rendant responsable devant eux. Fils de conventionnel et frère de l'un des chefs du parti sous la monarchie de Juillet, le général est un républicain authentique mais très modéré. Il choisit son équipe gouvernementale parmi les hommes proches du *National*. Inspirées par la réunion de la rue de Poitiers qui regroupe la plupart des hommes du parti de l'Ordre, à savoir la majorité des orléanistes et des légitimistes ainsi que les républicains les plus conservateurs de l'Assemblée, les mesures de réaction se succèdent. Sans surprise, les Ateliers nationaux sont supprimés. De nombreux clubs et journaux démocrates ou socialisants sont interdits. Le cautionnement de la presse est rétabli. « Silence aux pauvres ! » commente le chrétien démocrate Lamennais, qui doit lui-même interrompre la publication de son *Peuple constituant*. Pessimiste, il écrit que ce journal « a commencé avec la République et finit avec la République ». Une commission d'enquête sur les « attentats » du 15 mai et du 23 juin est instituée. Elle incrimine injustement Louis Blanc et Caussidière qui doivent passer à l'étranger pour ne pas aller en prison. Après les premiers morts de la République en avril et les premiers prisonniers en mai, voilà les premiers exilés. Par ailleurs, les légions de la garde nationale, dont le recrutement est le plus populaire, sont dissoutes, cependant que Paris est maintenu en état de siège jusqu'au 12 octobre. Une loi du 9 septembre relève à 12 heures la durée maximale de travail dans les usines, manufactures et ateliers de plus de vingt personnes. En adoptant dix jours plus tard le projet de villages agricoles pour l'Algérie, l'Assemblée vise certes à faire de cette terre, qui compte seulement 110 000 colons pour 2 millions d'autochtones, une colonie de peuplement, mais elle entend aussi y trouver un exutoire pour les éléments les plus dangereux de la capitale (Denise Bouche, [225] et Jean Martin, [234]). Dans son *Jérôme Paturot à la recherche de la meilleure des Républiques* qui paraît alors et qui connaît un grand succès, Louis Reybaud promène son héros de clubs en réunions et raille les illusions des socialistes. Il témoigne de l'évolution des esprits d'une partie de la bourgeoisie qui, de la sympathie pour les ouvriers, est passée à la méfiance et au mépris. La majorité de l'opinion partage d'ailleurs ces sentiments. Les élections locales destinées à renouveler au suffrage universel l'intégralité des corps élus sous la monarchie de Juillet (conseils municipaux, conseils généraux, conseils d'arrondissement) se traduisent par le succès des notables traditionnels. La tendance est confirmée par les élections législatives partielles du 17 septembre. Sur 17 sièges, 15 sont emportés par des monarchistes. Le 15 octobre, Cavaignac remanie son ministère en y faisant entrer trois hommes du parti de l'Ordre, dont Dufaure, ancien ministre de Louis-Philippe.

La Constitution de 1848

Dès le mois de mai, l'Assemblée a commencé l'œuvre pour laquelle elle a été élue : la rédaction d'une Constitution. Un comité de 18 membres a été désigné à cet effet. Il comprend toutes les nuances de la Constituante en un savant dosage. Présidé par le modéré Cormenin, il a pour rapporteur Marrast, l'homme du *National*, et réunit des personnalités comme Odilon Barrot, Dufaure, Alexis de Tocqueville ou encore le socialiste Considérant. Ces hommes cherchent à concilier à la fois les expériences françaises, et, en particulier, celles de la grande Révolution et le modèle de la démocratie américaine. Prêt dans ses grandes lignes dès la mi-juin, le texte est remanié dans un sens plus conservateur après les journées insurrectionnelles. Le débat devant l'Assemblée réunie en séance plénière se déroule durant les mois de septembre et d'octobre.

Deux questions posent surtout problème : le droit au travail d'une part, la désignation et les prérogatives du pouvoir exécutif, d'autre part. Reconnaître le droit au travail à tous les citoyens revient à faire obligation à la société de donner du travail à l'ouvrier qui en manque et donc contraindre l'État à intervenir. L'échec des Ateliers nationaux et les journées de juin portent un coup fatal aux doctrines socialistes et raffermissent les positions des conservateurs. Présent dans le projet primitif, le droit au travail est donc écarté de la rédaction finale au profit d'un droit à l'assistance plus modeste et plus vague : « La République (...) doit, par une assistance fraternelle, assurer l'existence des citoyens nécessiteux, soit en leur procurant du travail dans les limites de ses ressources, soit en donnant, à défaut de la famille, des secours à ceux qui sont hors d'état de travailler » (article VIII du préambule de la Constitution). En ce qui concerne le pouvoir exécutif, l'éventail des possibles est large depuis l'expérience du Directoire (cinq directeurs aux pouvoirs restreints) jusqu'à l'exemple américain (président unique et puissant). La droite de l'Assemblée se montre favorable à un exécutif fort, proche de la monarchie et qui pourrait, pour certains, servir de préalable à une restauration. La pratique du pouvoir par Cavaignac a préparé les esprits et l'on retient finalement l'idée d'un président. Lorsqu'il s'agit de déterminer la façon dont celui-ci sera désigné, une vive discussion s'engage. Le républicain Jules Grévy s'oppose à l'élection du président par le peuple, ce qui conférerait au chef de l'État une légitimité supérieure à celle des députés élus chacun par une fraction du corps électoral et une puissance supérieure à celle d'un roi. En s'adressant à ses collègues, le 6 octobre, il a des accents prémonitoires : « Êtes-vous bien sûrs que, dans cette série de personnages qui se succéderont tous les quatre ans au trône de la présidence, il n'y aura que de purs républicains empressés d'en descendre ? » Selon lui, le chef de l'État doit donc être un simple président du Conseil des ministres désigné par l'Assemblée et constamment révocable par elle. À l'inverse, Lamartine voit dans l'élection du président par le suffrage universel un moyen de consolider la République en donnant au peuple le sentiment que l'on ne confisque pas son pouvoir. La proposition de Grévy est finalement repoussée par 643 voix contre 158. Le vote définitif de la Constitution intervient le 4 novembre et, pour l'occasion, l'Assemblée parvient à faire taire les divisions passées. Le texte est approuvé par 739 voix contre 30.

Il comprend 116 articles. Le préambule placé sous la double invocation « de Dieu et du peuple français » rappelle que la République est la « forme définitive de gouvernement », qu'elle « est démocratique, une et indivisible », qu'elle a pour principes « la Liberté, l'Égalité et la Fraternité » et pour bases « la Famille, le Travail, la Propriété, l'Ordre public ». Ces premières lignes traduisent déjà le compromis qu'il a fallu faire entre les idéaux des quarante-huitards et ceux des conservateurs de tous bords. La République est présentée comme un régime qui assure progressivement l'instruction et le bien-être des masses mais aussi leur moralisation. Elle garantit les libertés fondamentales tout en y ajoutant des devoirs comme l'obéissance à l'autorité et le respect des fondements de la société. En matière politique, deux principes se détachent nettement : la souveraineté populaire exprimée par le suffrage universel et la séparation des pouvoirs présentée comme « la condition d'un gouvernement libre ». Le pouvoir législatif appartient presque intégralement à une assemblée unique et permanente. L'idée d'une deuxième chambre modératrice et oligarchique est repoussée car elle rappelle trop les coups d'État du Directoire et les différentes monarchies du passé. L'Assemblée législative, élue pour trois ans au suffrage universel masculin et au scrutin de liste, se compose de 750 représentants du peuple âgés d'au moins 25 ans et qui perçoivent une indemnité parlementaire, ce qui leur interdit d'exercer d'autres fonctions. De son côté, le pouvoir exécutif relève donc d'un président de la République, élu lui aussi au suffrage universel pour une durée de quatre ans et rééligible après un intervalle de quatre nouvelles années. S'il doit prêter serment de fidélité à la République devant l'Assemblée, il bénéficie de pouvoirs très importants, puisqu'il est à la fois chef de l'État et chef du gouvernement. Il a l'initiative des lois, les promulgue et en assure l'exécution, dispose des forces armées, négocie et ratifie les traités, nomme et révoque ministres et hauts fonctionnaires,...

Les deux principaux pouvoirs sont sans action l'un sur l'autre. L'Assemblée ne désigne pas le président sauf si, au cours de l'élection qui se déroule en un seul tour, aucun candidat n'a pu obtenir la majorité absolue des suffrages exprimés et au moins deux millions de voix. Elle ne peut le destituer, à moins qu'il n'ait été reconnu coupable de haute trahison. Elle n'a pas non plus la possibilité de renverser le gouvernement. De son côté, le président ne peut dissoudre l'Assemblée. Dans l'esprit des constituants, les deux pouvoirs seront donc amenés à collaborer et à résoudre leurs différends par le compromis. En outre, aucune voie d'arbitrage n'est prévue et la procédure de révision constitutionnelle est très difficile. Cette situation qui rappelle fortement celle du Directoire risque de produire les mêmes effets. Pour sortir d'une impasse, la majorité parlementaire et, plus encore, le président risquent d'avoir la tentation de recourir au coup d'État (François Luchaire, [62]). Au moment où la Constitution est enfin solennellement promulguée, le 21 novembre, la campagne pour la première élection présidentielle de notre histoire a déjà commencé.

L'élection du président et de l'Assemblée législative

La date de l'élection est fixée au 10 décembre, ce qui laisse peu de temps aux candidats pour s'organiser, se faire connaître, présenter leur programme et convaincre, à une époque où les partis constitués n'existent pas encore. De ce fait, le général Cavaignac, dont on apprend vite la candidature, bénéficie d'un net avantage. Sa notoriété et sa réputation de compétence et de désintéressement ne sont plus à faire. Sa présence au sommet de l'État lui assure l'appui de l'administration. En outre, la majorité de la presse, *National* en tête, et une grande partie des milieux d'affaires le soutiennent. Il a cependant plusieurs handicaps. Son rôle déterminant en juin ne lui suffit pas pour rallier la totalité des partisans de l'ordre dont beaucoup le jugent trop républicain et trop peu clérical. En revanche, il lui aliène les masses ouvrières. Le général pâtit de l'incapacité du gouvernement à résoudre les difficultés économiques et du sentiment des paysans d'être délaissés au profit des citadins. Enfin, il doit affronter quatre autres candidats. Les républicains avancés, les radicaux d'origine bourgeoise ou populaire ne peuvent se reconnaître en Cavaignac. Ils se rapprochent des socialistes les plus modérés. Cette nouvelle tendance, que l'on commence à appeler « démocrate-socialiste » ou « démoc-soc », se range derrière Ledru-Rollin qui fait ouvertement de la suppression de la misère son objectif prioritaire. L'ancien membre du gouvernement provisoire peut compter sur le soutien de *La Réforme* et de la Solidarité républicaine, association fondée début novembre et dont les ramifications s'étendent déjà à travers une grande partie du pays. Mais il s'est tu lors de la répression de juin et l'a donc, d'une certaine façon, cautionnée. Il est désormais impopulaire auprès du peuple parisien. Les socialistes intransigeants lui préfèrent Raspail, emprisonné depuis la journée du 15 mai. Quant à Lamartine, tout au souvenir de son triomphe lors des élections législatives, il ne se rend pas compte que ses idées sont désormais dépassées et décide de se présenter. La division des républicains risque de profiter à un homme au nom illustre, mais qui était encore inconnu des Français quelques mois plus tôt, Louis-Napoléon Bonaparte. Fils de l'ancien roi de Hollande, Louis Bonaparte, et d'Hortense de Beauharnais et neveu de Napoléon Ier, il a quarante ans et a passé la plus grande partie de sa vie à l'étranger.

Le ballet des papillons (les candidats)
autour de la rose (la République). (BnF)

Élevé en Suisse où résidait sa mère exilée après la chute de l'Empire, il a participé aux soulèvements des Carbonari en Italie et a également vécu aux États-Unis et en Angleterre. Chef de famille depuis la mort de l'Aiglon et la renonciation de ses oncles, il a tenté par deux fois de renverser Louis-Philippe (1836 et 1840) et a été condamné à la détention perpétuelle. Il a réussi à s'évader du fort de Ham en 1846 et c'est dans son nouvel exil londonien qu'il a appris la proclamation de la République. Ses partisans comme Persigny ont alors eu beau jeu de préparer son retour, tant la ferveur était grande autour de l'Empire et de Napoléon. Dans une France qui s'ennuyait durant la Restauration et la monarchie de Juillet, la légende noire, celle de l'ogre, s'est progressivement effacée devant la légende dorée, celle du petit caporal et du modernisateur (Bernard Ménager, [67]). Celle-ci a été entretenue dans les couches populaires par les images d'Épinal, les récits des grognards ou les chansons de Béranger et dans la bourgeoisie par le *Mémorial de Sainte-Hélène*. Le retour des cendres en 1840 a témoigné de la popularité de « Poléon » et l'*Histoire du Consulat et de l'Empire* que Thiers a commencé à publier en 1845 a été aussitôt un grand succès. En écrivant successivement *Des idées napoléoniennes* et l'*Extinction du paupérisme,* Louis-Napoléon Bonaparte a défendu l'œuvre de son oncle tout en s'en faisant l'héritier car il s'est vu très tôt un grand destin. Il notait ainsi dans sa prison de Ham : « Je crois qu'il y a des hommes qui naissent pour servir d'instrument à la marche du genre humain... et je me considère comme l'un de ces hommes ». Cherchant à concilier l'ordre et le progrès en un « centrisme autoritaire » (Frédéric Bluche, [37]), son programme a de quoi séduire les Français. Comme l'écrira justement Guizot : « C'est beaucoup d'être à la fois une gloire nationale, une garantie révolutionnaire et un principe d'autorité. » Élu dans quatre départements à l'occasion d'élections législatives partielles en juin 1848, il a eu l'habileté de ne pas siéger par souci d'apaisement et pour ne pas s'impliquer dans les déchirements d'alors. En septembre, il a été réélu de façon encore plus nette dans cinq départements. Dans ce climat très propice, il décide donc de faire acte de candidature à la présidence. Il apparaît vite qu'il n'aura aucun concurrent sur sa droite. Les prétendants des deux fractions monarchiques ne parviennent pas à s'entendre sur un même nom et peuvent d'ailleurs difficilement se présenter sans se renier. La réunion de la rue de Poitiers pense manœuvrer facilement un personnage qu'elle juge falot et qui s'est empressé de lui donner des gages en matière religieuse. Louis-Napoléon Bonaparte s'impose donc comme le candidat de la plupart des adversaires de la République, mais aussi comme le recours pour de nombreux déçus du régime et même comme le rempart contre la réaction pour quelques inquiets. C'est ainsi que Crémieux se prononce en sa faveur, par crainte d'une restauration monarchique. De deux maux, il choisit le moindre.

Attendu, le succès de Louis-Napoléon Bonaparte surprend néanmoins les contemporains par son ampleur. Avec plus de 5,5 millions de voix représentant plus de 74 % des suffrages exprimés et 56 % des inscrits, le neveu de l'Empereur laisse loin derrière tous ses adversaires. Cavaignac obtient moins de 1,5 million de voix, Ledru-Rollin moins de 400 000, Raspail moins de 40 000 et Lamartine moins de 10 000 ! À l'exception de quelques provinces périphériques comme la Bretagne ou la Provence où Cavaignac recueille de bons résultats et de départements comme les Pyrénées-Orientales où la propagande démocrate-socialiste a porté ses fruits (avec 29 % des suffrages exprimés, Ledru-Rollin fait là son meilleur chiffre de toute la France) (Peter Mac Phee, [64]), il s'agit bien d'un véritable raz-de-marée.

Venu prêter serment devant la Constituante le 20 décembre, le vainqueur déclare aux représentants du peuple : « Soyons les hommes du pays et non les hommes d'un parti ». Force est pourtant de constater que les mesures qui sont alors prises visent essentiellement à satisfaire le parti de l'Ordre. La composition du nouveau gouvernement en est le premier signe. Présidé par Odilon Barrot, il ne comprend aucun républicain de la veille, mais plusieurs ténors de la réunion de la rue de Poitiers, dont Falloux à l'Instruction publique et aux Cultes. Le ministre de l'Intérieur, l'orléaniste Léon Faucher, révoque les républicains de la veille de la fonction publique, ferme des clubs et fait arracher les arbres de la liberté. La droite souhaite que la Constituante se sépare avant l'adoption des lois organiques destinées à renforcer les institutions. Sous la menace des gardes nationales de la Seine et de la division militaire de Paris dont le légitimiste Changarnier vient de recevoir le commandement, l'Assemblée accepte d'écourter son mandat. Les élections législatives auront lieu dès le mois de mai 1849.

La campagne est marquée par une forte tension entre la droite et la gauche. A droite, on parvient à s'entendre. Une Union électorale et des sociétés des Amis de l'ordre sont fondées. Des listes communes sont formées sur le programme : « Ordre, Propriété, Religion ». En butte aux persécutions de l'administration qui ferme les filiales de la Solidarité républicaine, la gauche durcit le ton. Quant aux républicains modérés, ils tentent de s'organiser en créant une Association des Amis de la Constitution, mais pris entre deux feux, ils sont marginalisés. Avec un taux global de participation de 68 %, les élections du 13 mai marquent un net recul par rapport aux grandes consultations de l'année précédente. Le mécontentement de l'électorat se traduit aussi par le fait que « les sortants sont sortis ». Seuls 300 des anciens constituants parviennent à se faire réélire. Les républicains modérés subissent un très sérieux revers. Avec seulement 13 % des voix, ils ne sont plus que 70 à 80 dans la nouvelle assemblée. Lamartine,

Marrast, Carnot ou encore Marie sont battus. Les démocrates-socialistes qui obtiennent 35 % des voix réalisent une belle progression. Majoritaires dans les quartiers populaires de l'Est parisien, dans les villes industrielles comme Lyon, Lille, Limoges ou Le Creusot, ils font surtout une percée aussi spectaculaire qu'inattendue dans la France rurale : le Limousin, le Périgord, le grand Sud-Est ou encore l'Alsace. Au total, ils ont plus de 200 élus dont la plupart vont se ranger derrière Ledru-Rollin, élu lui-même dans cinq départements. Jacques Bouillon qui a fait la sociologie de ces montagnards, comme ils se nomment par référence à la Convention de 1792, a montré que, même s'ils comptent quelques ouvriers, ils se recrutent majoritairement dans la bourgeoisie des professions libérales [38]. Le parti de l'Ordre est une nouvelle fois le grand gagnant de l'élection. Le Nord, l'Ouest, le Sud-Ouest ont massivement voté pour lui. Son succès est encore amplifié par le mode de scrutin (majoritaire à un tour). Avec 53 % des voix, il obtient 450 sièges environ (à peu près 250 pour les orléanistes, 150 pour les légitimistes et 50 pour les bonapartistes) et les ténors des trois tendances (les Thiers, Barrot, Molé, Berryer, Falloux, Persigny) sont tous élus.

De la réaction à la division des partisans de l'ordre

Par un singulier paradoxe, tous les pouvoirs de la République sont désormais aux mains des ennemis du régime (président, gouvernement, Assemblée). Dans sa première séance, le 28 mai 1849, la Législative place d'ailleurs à sa tête l'orléaniste Dupin, président de la Chambre des députés sous Louis-Philippe. Comme le pape avait été chassé de ses États par les républicains romains, Louis-Napoléon Bonaparte avait décidé à la mi-avril d'envoyer un corps expéditionnaire en Italie. Il s'agissait alors d'assurer une médiation et d'éviter une intervention de la puissante et réactionnaire

Autriche. La victoire de la droite donne un autre sens à l'initiative. Les troupes françaises sont chargées de chasser les républicains et de replacer Pie IX sur son trône. Ledru-Rollin dénonce l'expédition de Rome comme inconstitutionnelle puisque l'on veut employer la force contre la liberté d'un peuple. Il demande la mise en accusation du président et des ministres. L'Assemblée refuse de le suivre. La gauche organise alors une manifestation, à Paris, le 13 juin. La volonté de subversion est patente chez certains montagnards. C'est un échec cuisant. Après la sévère répression de juin 1848, le peuple ne se mobilise plus si facilement, qui plus est sur une question de politique étrangère. En revanche, Lyon, qui n'avait pas bougé l'été précédent et qui se sent plus concernée par une Italie toute proche, se soulève (Claude Latta, [28]). L'ordre n'est rétabli qu'au prix de plusieurs dizaines de victimes. À l'instigation des « burgraves » (le surnom que l'on donne au comité de douze membres qui dirige le parti de l'Ordre, par référence à un drame de Victor Hugo) et du président pour lequel « il est temps que les bons se rassurent et que les méchants tremblent », des mesures très sévères sont prises à l'encontre des rouges. Trente-quatre représentants du peuple sont poursuivis en Haute Cour. Ledru-Rollin et la plupart de ses amis doivent fuir à l'étranger. Tous les clubs et réunions publiques susceptibles de menacer la sécurité sont interdits. Une loi sur la presse crée de nouveaux délits, en particulier celui d'offense au président. Une autre restreint le colportage. Le gouvernement reçoit de grandes facilités pour décréter l'état de siège. Cette réaction est également sociale et concerne aussi les colonies. Si l'Algérie est divisée en trois départements pour renforcer ses liens avec la métropole, elle reste largement sous l'emprise des militaires et de puissants propriétaires terriens. Aux Antilles, l'administration et les riches propriétaires entravent l'émancipation complète des noirs et leur accession à la propriété.

L'échec d'une République conservatrice

Cependant, la solidarité entre le président et la majorité de l'Assemblée ne repose guère que sur un intérêt commun à court terme, un marché de dupes. Des divergences commencent à apparaître au sein d'une cohabitation qui s'installe dans la durée. Aventurier romantique à la culture profane et à la réflexion écrite pour lequel le mythe napoléonien et les préoccupations sociales sont capitaux, Louis-Napoléon Bonaparte n'a du reste rien en commun avec les nobles et les bourgeois de la majorité parlementaire. Qu'ils soient rationalistes ou cléricaux, ces hommes de verbe empreints d'une culture classique érigent en culte le droit et l'ordre. Comme il ne supporte plus que son gouvernement se contente de l'informer *a posteriori* de décisions prises en dehors de lui, le président remplace le 31 octobre le ministère parlementaire d'Odilon Barrot par un cabinet formé d'hommes plus proches de lui (Ferdinand Barrot, le frère d'Odilon, surnommé dès lors Caïn, à l'Intérieur, le banquier Fould aux Finances, les avocats Rouher à la Justice et Parieu à l'Instruction publique et aux Cultes,...) et qu'il dirige personnellement. Si l'Assemblée n'a pas été consultée, elle ne réagit pas car la mesure n'a rien d'inconstitutionnel. Du reste, le programme gouvernemental ne change pas.

C'est ainsi que pour influer durablement sur l'opinion, le parti de l'Ordre fait adopter deux lois sur l'enseignement avec la bénédiction du président. La « petite loi » ou loi Parieu du 11 janvier 1850 règle le sort du primaire en donnant toute latitude aux préfets pour suspendre ou révoquer les instituteurs et en accordant de grandes facilités aux membres des congrégations religieuses pour ouvrir des établissements et pour enseigner. « La grande loi » ou loi Falloux du 15 mars 1850 démantèle l'Université napoléonienne au profit de l'Église. Si l'Université conserve le monopole de la collation des grades, elle est sérieusement affaiblie. Elle est fragmentée en académies départementales. Pour fonder un collège, il suffit désormais que le direc-

« L'ordre règne en France, Paris est calme !! »
Caricature publiée dans *L'Argus* (1851)
(Archives Hachette – L.G.F.)

teur soit titulaire d'un baccalauréat. Les ecclésiastiques peuvent même en être dispensés. En outre, ils siègent dans tous les conseils qui contrôlent le système scolaire (Conseil supérieur de l'Instruction publique et Conseils académiques). Alors qu'une purge systématique est organisée dans l'enseignement public, l'enseignement privé connaît un développement rapide et sans contrôle (Antoine Prost, [209] et Paul Gerbod, [217]).

Malgré toutes ces mesures, la propagande démocrate-socialiste parvient à utiliser divers canaux (cercles, coopératives, associations...) et reçoit un accueil favorable auprès du peuple des villes, de la petite bourgeoisie des bourgs ou encore chez les ruraux (Philippe Vigier, [173] et Maurice Agulhon, [29]). En témoignent les succès des montagnards lors des élections législatives partielles organisées en mars et en avril 1850. En Saône-et-Loire, les six élus appartiennent par exemple à la Montagne. Au total, celle-ci remporte les deux tiers de la trentaine de sièges à pourvoir dont, il est vrai, elle détenait initialement la totalité. La majorité conservatrice de la Chambre qui s'aperçoit alors qu'elle n'a pas été assez loin et que le « péril rouge » n'est pas encore écarté, adopte de nouvelles lois restrictives dont la plus importante est votée le 31 mai. Parce que l'on ne peut faire confiance à la « vile multitude », comme Thiers qualifie le petit peuple, ce dernier est éliminé du scrutin et si l'on n'ose abolir le terme de suffrage universel, on en revient, de fait, au suffrage censitaire. Pour pouvoir voter, il faut désormais être inscrit au rôle de la taxe personnelle, ne jamais avoir été condamné pénalement et pouvoir justifier de trois ans de domicile continu. Sont donc exclus les indigents, les humbles en conflit permanent avec le garde champêtre, les militants politiques en butte à l'hostilité du pouvoir, les migrants ou encore les chômeurs. Le droit de vote est ainsi retiré à près de trois millions d'électeurs et le corps électoral, amputé de près de 30 %, ne comprend plus que 6,8 millions de Français.

Dans une lettre rendue publique au cours de l'été

précédent, le président avait demandé à son ami Edgar Ney, commandant des forces françaises à Rome, de s'assurer qu'aucune réaction et qu'aucune persécution n'auraient lieu après la restauration du pape. Il se démarquait ainsi habilement de la politique de la majorité. Il ne procède pas autrement par la suite. En matière sociale, l'œuvre accomplie par l'Assemblée est très maigre. Rapporteur d'un projet global de réformes en janvier 1850, Thiers en a réclamé le rejet en expliquant que « la société qui voudrait se charger du sort d'une partie de ses membres en ferait des oisifs, des turbulents, des factieux » et ses collègues se sont empressés d'adopter ses conclusions. Dans le grand voyage qu'il entreprend en province au cours de l'été pour soigner sa popularité, le président a beau jeu de fustiger cette politique. À Saint-Quentin, il affirme : « Mes amis les plus sincères, les plus dévoués, ne sont pas dans les palais, ils sont sous le chaume ; ils ne sont pas sous les lambris dorés, ils sont dans les ateliers, dans les campagnes. » L'accueil qu'il reçoit dans les villes traversées est certes chaleureux, mais il ne doit pas faire illusion. Amplifié par la presse bonapartiste, il est dû, pour partie, à ses préfets et à la Société du Dix-Décembre, forte de près de 10 000 fidèles qui ont organisé des « brigades d'acclamation ». La part de spontanéité est aussi réduite dans les vœux qu'émettent alors 52 conseils généraux sur 83 pour une révision constitutionnelle autorisant la prolongation du mandat présidentiel. Il faut, là encore, y voir une forte incitation des préfets (Bernard Ménager, [67]). Il n'en demeure pas moins que le parti de l'Élysée grossit à la faveur des élections partielles. Le président profite de la division de ses ennemis. Après la mort de Louis-Philippe dans son exil anglais, le 26 août 1850, des orléanistes et des légitimistes modérés tentent de fusionner les deux fractions monarchiques. Au comte de Chambord, qui n'a pas d'enfant, pourrait ainsi succéder le petit-fils de Louis-Philippe. Mais le comte finit par repousser la proposition devant les exigences des orléanistes qu'il juge exorbitantes : acceptation des principes de 1789, du parlementarisme, du drapeau tricolore et d'une restauration effectuée par l'Assemblée. Quant à la Montagne, elle se déchire et se discrédite. Si une majorité reste légaliste, une forte minorité soutenue par les exilés décide de privilégier désormais l'action clandestine. Un avocat avignonnais et ancien de la Constituante, Gent, tente ainsi de coordonner l'action des sociétés secrètes du Sud-Est (Philippe Vigier, [173]). Découvert au cours de l'été 1850, ce « complot de Lyon » donne lieu à de nombreuses arrestations, dont celle de Gent, et s'achève par un grand procès et par la déportation des meneurs.

C'est un incident grave qui va provoquer la rupture entre l'Élysée et la droite. Très mécontent des banquets qu'organise le président en l'honneur des officiers et des « Vive l'Empereur » que la troupe a criés sur son passage lors d'une revue à Satory, le général Changarnier demande au président de l'Assemblée de faire arrêter Louis-Napoléon Bonaparte. Mis au courant, ce dernier destitue Changarnier le 3 janvier 1851. Malgré la démission de certains de ses ministres en signe de protestation, la colère des burgraves et le vote par l'Assemblée d'un ordre du jour de défiance à l'égard de ses nouveaux ministres, le président ne cède pas. Il se contente de remanier son gouvernement pour en faire un simple « cabinet de commis ». La campagne révisionniste reprend au printemps 1851. Cette fois, les préfets font pétitionner les citoyens et recueillent près de 1,5 million de signatures. La pression sur l'Assemblée devient d'autant plus forte que le nombre de conseils généraux qui demandent la révision s'est considérablement accru et qu'une véritable psychose s'empare du pays. En effet, par un hasard du calendrier, la France devra élire en 1852 à la fois un président et une assemblée. Comme les démocrates-socialistes affichent une belle assurance en leur futur triomphe, les conservateurs prennent peur. « Qui sait où nous serons l'an prochain ? », écrit le mémorialiste Viel-Castel. Beaucoup en viennent à penser, tel l'ancien préfet Romieu, auteur du *Spectre rouge de 1852*, que seul le césarisme peut les sauver. Quel meilleur César qu'un Bonaparte ? En juillet, 446 représentants du peuple se prononcent en faveur de la révision constitutionnelle, mais cela ne suffit pas. Il aurait fallu une majorité qualifiée des trois quarts des suffrages exprimés. Or 278 parlementaires, pour l'essentiel, des républicains, des légitimistes intransigeants et des orléanistes libéraux comme Thiers, ont voté contre. Ce résultat est encourageant pour le président car il montre que le nombre de ses partisans a encore grossi, mais il l'oblige à sortir de la légalité s'il souhaite se maintenir au pouvoir. Il se rallie donc à la solution de force préconisée par une partie de son entourage.

Le coup d'État du 2 décembre 1851

Un premier projet de coup d'État est prévu à la mi-septembre, avant la rentrée parlementaire. Il est ajourné parce que l'affaire s'ébruite et que le président comprend qu'il est dangereux de laisser les représentants libres d'organiser la résistance dans leurs départements. Louis-Napoléon Bonaparte en profite pour achever la « préparation psychologique de l'opinion » (Adrien Dansette, [44]). Le 4 novembre, il réalise un « coup prodigieux de machiavélisme », en réclamant l'abrogation de la loi du 31 mai (Maurice Agulhon, [3]). L'Assemblée repousse sa demande à une faible majorité (355 voix contre 348). Une nouvelle fois, le président apparaît comme le champion de la démocratie face à des parlementaires réactionnaires. Sentant venir le danger, les questeurs de l'Assemblée proposent, le 6 novembre, de rappeler que le président de l'Assemblée a le droit de requérir directement la force armée pour assurer la défense de la représentation nationale. On ne peut mieux faire comprendre à Louis-Napoléon Bonaparte que l'on connaît ses projets et que l'on entend y résister. Mais la proposition des questeurs est repoussée le 17, grâce à la coalition hétéroclite des partisans de l'Elysée, des conservateurs résignés et de la majorité des montagnards. Ces derniers craignent tout autant une manœuvre de la droite qu'un coup d'État du président. Comme Michel de Bourges, ils font d'ailleurs confiance au peuple, cette « sentinelle invisible », pour protéger le Parlement.

Pour le président, il ne s'agit pas de faire la conquête du pouvoir mais simplement de le conserver. L'opération qui reçoit le nom de code « Rubicon » n'a donc qu'à convaincre la population du bon droit du chef de l'État et qu'à désarmer les résistances des parlementaires par l'effet de surprise. Il n'est nullement question de faire couler le sang, mais de réaliser un nouveau 18-Brumaire. Pendant que la capitale sera occupée militairement et que 78 personnes réputées dangereuses parmi lesquelles 16 représentants du peuple (les principaux militaires de l'Assemblée, quelques montagnards, Thiers) seront mises au secret, des proclamations imprimées à l'Imprimerie nationale, dont on aura pris le contrôle quelques heures auparavant, feront connaître aux Parisiens les justifications présidentielles. Par sécurité, peu d'hommes connaissent les détails d'un plan dont la cheville ouvrière est Morny. Ce demi-frère du président est l'homme idéal : de la résolution, du sang-froid et une bonne dose de cynisme. Orléaniste, il a néanmoins compris tout le profit qu'il peut tirer, s'il lie son sort à celui de son illustre parent (il se débat alors dans d'énormes difficultés financières). Morny est entouré par quelques fidèles bonapartistes, comme Persigny, et des hommes ambitieux qui ont été placés quelques semaines auparavant à des postes-clés : le préfet de police Maupas ou les généraux Magnan et Saint-Arnaud, respectivement commandant en chef de l'armée de Paris et ministre de

Le duc de Morny, ministre de l'Intérieur (1811-1865).

la Guerre. Pour s'assurer le concours de l'armée, ils lui ont rappelé le devoir impérieux d'« obéissance passive », ne lui ont pas ménagé les flatteries et l'ont encouragé à mépriser les « pékins », les civils.

Plusieurs fois repoussé, le coup d'État se déroule finalement le 2 décembre 1851. Dans la nuit, Morny prend le contrôle du ministère de l'Intérieur, la police arrête les parlementaires et les militants de gauche et l'armée occupe les sièges des journaux d'opposition. Au matin, pendant que l'entrée du Palais-Bourbon est interdite aux représentants du peuple, la population lit les affiches placardées sur les murs de la capitale. Le président y annonce la dissolution de l'Assemblée, le rétablissement du suffrage universel dans son intégralité et un appel au peuple destiné à trancher le conflit qui l'oppose aux parlementaires. Bourgeois et ouvriers se contentent de commenter pacifiquement ces décisions tout en regardant avec indifférence les mouvements de troupes. La partie semble gagnée. Cependant, environ 220 représentants du peuple appartenant majoritairement au parti de l'Ordre se rassemblent dans une mairie située à proximité du Palais-Bourbon. Ils votent la déchéance et la mise en accusation de Louis-Napoléon Bonaparte qui a violé son serment du 20 décembre et s'est rendu coupable d'un crime de haute trahison en vertu des articles 36, 37 et 68 de la Constitution. Ils sont rapidement arrêtés et incarcérés à Mazas, à Vincennes et au Mont-Valérien. De leur côté, les montagnards forment un comité de résistance autour de Schœlcher, de Carnot et de Victor Hugo. Ils décident d'appeler le peuple à l'insurrection puisque les articles 68 et 110 de la Constitution font de la résistance à la forfaiture présidentielle un devoir civique. Le lendemain matin, ils se rendent dans les quartiers de l'Est pour tenter d'y soulever le peuple. Celui-ci hésite à s'engager. Pourquoi défendre une Assemblée majoritairement réactionnaire contre un président qui parle de rétablir le suffrage universel ? Une première barricade est tout de même érigée dans le fau-

Baudin sur la barricade,
s'interposant entre les insurgés et la troupe.
Peinture par Pichio. (BnF)

bourg Saint-Antoine. C'est là que le représentant Baudin se fait tuer. Malgré ce sacrifice, le peuple est encore hésitant (J.-O. Boudon, [42]). Si le corps de Baudin est immédiatement confisqué par la troupe, d'autres cadavres sont exhibés. Pourtant, en soirée, il n'y a encore que très peu de barricades. L'émeute couve, mais l'ennemi demeure insaisissable. En exploitant les archives inédites de Maupas, Claude Vigoureux a montré les divergences de vues des autorités [286]. Le préfet de police souhaite écraser tout de suite les insurgés avant qu'ils ne fassent des adeptes, mais cette stratégie n'est pas appliquée. En effet, Morny et les militaires préfèrent laisser l'insurrection se développer pour se débarrasser définitivement de tous les ennemis du gouvernement. Lorsque les barricades se mettent enfin en place, le 4, l'assaut est donné. Il triomphe d'autant plus aisément que le dispositif barricadier est mal conçu et peu défendu (O. Pelletier, [42]). Sur les grands boulevards, la troupe tire aussi sur la foule des badauds frondeurs, mais non armés, faisant plus de 300 victimes en une vingtaine de minutes. Les Parisiens prennent alors conscience de la résolution des conjurés d'aller jusqu'au bout de la violence (Maurice Agulhon, [3]). Dans ces conditions, le calme revient vite.

Cependant, une partie de la province prend le relais de la capitale et se soulève. Si les métropoles bien tenues par l'armée ne bougent pas, l'insurrection se développe dans les petites villes (Poligny dans le Jura, Orange dans le Vaucluse, Mirande dans le Gers,...) ainsi que dans les campagnes du Sud (Lot-et-Garonne, Pyrénées-Orientales, Var...) ou du Centre-Est (Allier, Nièvre, Yonne...) où l'on assiste à une prise d'armes paysanne sans précédent depuis les chouanneries de la Révolution. Si, au total, une trentaine de départements participent à la révolte, seules les Basses-Alpes échappent totalement aux autorités locales, contraintes de s'enfuir ou faites prisonnières. Digne est, du reste, la seule préfecture tenue pendant un temps par les montagnards. Comment expliquer de tels embrasements, alors que le Limousin où les rouges sont pourtant nombreux reste à l'écart du mouvement ? Sans doute parce que dans les régions soulevées, la sociabilité politique est plus développée et les sociétés secrètes mieux implantées, parce que l'habitat y est plus groupé et les interactions entre les villes, les villages et les campagnes plus nombreuses ou encore parce que l'éloignement de la capitale impose aux autorités un temps de réaction plus important. Il a aussi été montré que la résistance au coup d'État est proportionnée à l'enracinement de l'idéal républicain, aux tensions sociales ou encore à la colère suscitée par la politique réactionnaire des autorités locales ([132], [29], [55], [173] et [65]). Malgré tout, ces insurrections manquent de chefs puisque la plupart des parlementaires sont bloqués dans la capitale. Elles sont mal équipées et, surtout, ne sont pas reliées entre elles. Les autorités peuvent donc éteindre les foyers les uns après les autres et elles y parviennent en quelques jours seulement. La chasse aux républicains peut commencer. La résistance de la province est cependant riche d'enseignements et de conséquences. Elle montre qu'il n'est plus suffisant de vaincre à Paris pour prendre le pouvoir, que les campagnes ne sont pas aussi dociles que l'on pourrait croire et que les « semailles de la République » commencent à donner leurs premiers fruits. Elle fait basculer à droite un coup d'État qui était né à gauche, mais qui trouve ainsi une justification *a posteriori*. Elle donne, en effet, du crédit au péril rouge. Dans sa circulaire du 10 décembre, Morny fait du mouvement une « vaste jacquerie », une « guerre sociale ». Certes, en maints endroits, le soulèvement a moins visé à défendre la République des notables ou l'honneur bafoué des parlementaires qu'à permettre l'avènement d'une République des petits, mais souvent la défense de la loi a été la seule motivation (Philippe Vigier, [173]). Quant aux violences perpétrées par les insurgés, elles existent (massacre des gendarmes à Bédarieux, pillages de châteaux et d'études notariales...), mais ont été plutôt rares. Elles sont délibérément grossies par la presse aux ordres qui forge aussi des légendes telle celle du viol collectif perpétré par des barbares à l'encontre de 38 jeunes filles et femmes de Clamecy sous les yeux de prêtres attachés à des poteaux (Philippe Vigier, [174]). Dans ces conditions, il n'y a rien d'étonnant à ce que les populations effrayées se précipitent dans les bras du sauveur de la société, Louis-Napoléon Bonaparte.

Alors que 30 départements sont en état de siège, que les opposants sont pourchassés et que la presse d'opposition est démantelée, 7,1 millions de Français approuvent « le maintien de l'autorité de Louis-Napoléon Bonaparte » et lui délèguent « les pouvoirs nécessaires pour établir une Constitution ». Lors de ce plébiscite des 20 et 21 décembre, il y a moins de 600 000 « non ». Ils se concentrent essentiellement dans les villes (80 000 à Paris) et dans les campagnes républicaines épargnées par la répression (le canton de Vernoux dans l'Ardèche est le seul qui vote majoritairement « non »). Dans les Basses-Alpes entièrement gagnées à l'insurrection quelques jours plus tôt, on ne dénombre que 614 « non ». Il faut dire que, comme les militaires, les habitants du département n'ont pas droit au secret du vote (Philippe Vigier, [173] et Gisela Geywitz, [48]) ! Apprenant les résultats définitifs, le 31 décembre, le président déclare : « La France a répondu à l'appel loyal que je lui avais fait. Elle a compris que je n'étais sorti de la légalité que pour rentrer dans le droit... Plus de sept millions de suffrages viennent de m'absoudre... » À cette date, la République ne prend pas formellement fin, mais elle change radicalement de nature.

III

LA RÉPUBLIQUE DÉCENNALE ET L'EMPIRE AUTORITAIRE

La Constitution de 1852

Alors qu'il avait fallu plusieurs mois pour rédiger et voter la Constitution de 1848, quelques jours vont suffire pour élaborer celle de 1852 puisque la volonté d'un homme se substitue désormais au débat démocratique. Mûri de longue date par Louis-Napoléon Bonaparte, le projet s'inspire fortement de la Constitution de l'an VIII, celle du Consulat. Le neveu emprunte à l'oncle ses idées. « J'ai pris comme modèles, écrit-il, les institutions politiques qui déjà, au commencement de ce siècle, dans des circonstances analogues, ont raffermi la société ébranlée et élevé la France à un haut degré de prospérité et de grandeur. » Mise en forme par un comité de cinq membres au sein duquel Rouher tient le rôle principal, la Constitution est promulguée le 14 janvier 1852. Dans son préambule, ce texte court (58 articles) « reconnaît, confirme et garantit les grands principes proclamés en 1789, et qui sont la base du droit public des Français », en particulier la liberté, l'égalité civile et la souveraineté populaire. Mais, tout en étant démocratique, le régime doit être solide car il s'agit de « fermer l'ère des révolutions ».

Le pouvoir exécutif est donc « confié pour dix ans au prince Louis-Napoléon Bonaparte ». Au terme de

Placard sur la Constitution du 14 janvier 1852. (BnF)

son long mandat, le président qui est nommément désigné pourra en solliciter un nouveau ou recommander son successeur au suffrage des Français. Ses prérogatives sont accrues. Il est seul à pouvoir décréter l'état de siège ou déclarer la guerre, commander l'ensemble des forces armées, signer les traités d'alliance et de paix. Comme sous l'Ancien Régime, la justice se rend en son nom et il possède le droit de grâce. Il a seul l'initiative des lois. Il les sanctionne, les promulgue, décide des règlements et décrets nécessaires à leur exécution. Il est donc à la fois au point de départ et d'aboutissement du travail législatif. Détenant la totalité du pouvoir exécutif et une grande partie des pouvoirs législatif et judiciaire, il ne reconnaît qu'un seul souverain, le peuple français qui l'élit et qu'il peut consulter à tout moment. Nommant tous les personnages de l'État, il reçoit serment de fidélité de tous, depuis les plus hauts responsables jusqu'aux plus humbles fonctionnaires. Il « gouverne au moyen des ministres, du Conseil d'État, du Sénat et du Corps législatif ». On ne peut mieux dire qu'il y a un maître et des serviteurs.

Les ministres sont les premiers d'entre eux. Ils dépendent du seul chef de l'État qui les choisit et les révoque à sa guise. Ils ne sont pas solidaires et ne sont pas responsables devant les Assemblées. Quant à celles-ci et aux personnalités qui les composent, elles ont des prérogatives très limitées et sont également, à des degrés divers, sous l'emprise du président. Le Sénat comprend des membres de droit (cardinaux, maréchaux, amiraux) et des hommes que le président désigne. Toutefois, les sénateurs sont inamovibles et leur nombre (80 à l'origine) ne peut excéder 150. Le Sénat auquel toutes les lois sont soumises est le gardien d'une Constitution qu'il peut modifier par sénatus-consulte mais, pour cela, il lui faut l'accord du président. Il règle la législation de l'Algérie et des colonies et tout ce que le texte constitutionnel ne prévoit pas. Il peut annuler les votes du Corps législatif s'il les juge « contraires à la religion, à la morale, à la liberté des cultes, à l'inviolabilité des propriétés », mais également « à la liberté individuelle, à l'égalité des citoyens, à l'inamovibilité de la magistrature ». Sa marge de manœuvre est cependant réduite puisque le chef de l'État le convoque et le proroge et qu'il en nomme le président et les vice-présidents. En outre, les séances ne sont pas publiques. De son côté, le Conseil d'État est chargé de rédiger les projets de lois voulus par le chef de l'État, de soutenir les discussions devant les Chambres, d'examiner les amendements du Corps législatif, de rédiger les décrets réglementaires et de contrôler l'application des lois en tant que tribunal du contentieux administratif. Louis-Napoléon choisit et peut révoquer à tout moment les 40 à 50 techniciens qui le composent en service ordinaire. Quant au Corps législatif, il n'est plus « assemblée nationale » de « représentants du peuple » mais « corps » de « députés », ce qui traduit un abaissement. Il est certes élu au suffrage universel, mais les élections n'ont lieu que tous les six ans, à moins que le chef de l'État en décide autrement puisqu'il a la faculté de dissoudre l'Assemblée, comme il la convoque, l'ajourne ou la proroge. Le nombre très réduit d'élus (261 à l'origine, 292 à la fin de l'Empire en raison de l'augmentation de la population) vise à garantir le « calme des délibérations ». Des garanties supplémentaires sont prises. Les députés n'ont pas le droit d'interpeller le gouvernement ou d'adresser des remarques au chef de l'État. Ils doivent se contenter d'écouter silencieusement le message annuel du président présentant l'état de la République. La tribune est supprimée et les députés parlent de leurs places, après y avoir été invités. Les séances sont publiques, mais le nombre de spectateurs est très réduit. En outre, les journaux ne peuvent reproduire que le procès-verbal des séances qui est dressé par le président de l'Assemblée. Celui-ci est nommé par le chef de l'État comme, du reste, les vice-présidents et les questeurs. Pendant la très courte session (trois mois), le Corps législatif « discute et vote les projets de loi et l'impôt », mais il ne dispose que d'un pouvoir d'amendement restreint, doit voter le budget en bloc, ce qui empêche tout contrôle efficace des dépenses de l'État et n'a pas le droit d'émettre de propositions de lois. Il ne peut décider de son ordre du jour, pas plus qu'il ne peut motiver ses décisions. Une hiérarchie très nette et significative est établie entre les trois Assemblées. Elle se traduit par un ordre de préséance et une inégalité de traitement. Les « illustrations » du Sénat reçoivent « une dotation annuelle et viagère de 30 000 francs » et les « hommes distingués » du Conseil d'État un « traitement de 25 000 francs ». À l'origine, rien n'est prévu pour les modestes députés qui finissent tout de même par se voir octroyer une « indemnité » de 2 500 francs par mois de session.

La réduction des oppositions et la mainmise sur le pays

Avant que ces institutions n'entrent en vigueur, Louis-Napoléon exerce une dictature au sens où ce terme était entendu dans la Rome antique, c'est-à-dire qu'il est investi des pleins pouvoirs pour résoudre la crise que la France est supposée traverser. Il gouverne alors par décrets, ce qui lui permet de renforcer son contrôle sur le pays. Le président récompense ceux qui l'ont soutenu lors du coup d'État. Les colonnes du *Moniteur* sont ainsi remplies de promotions dans l'ordre de la Légion d'honneur. Les militaires prennent du galon et leur participation à la répression de décembre 1851 leur vaut un an de service supplémentaire. Il ne suffit pas de récompenser les « bons ». Il faut aussi punir les « méchants ».

Un décret du 9 janvier règle le sort des parlementaires hostiles au coup d'État. Cinq représentants républicains jugés responsables du soulèvement sont condamnés à la déportation en Guyane, mais un seul (Miot) sera finalement envoyé en Algérie. Soixante-six autres, dont Hugo, Quinet et Schœlcher, sont expulsés du territoire et dix-huit représentants républicains ou orléanistes, parmi lesquels Thiers et Rémusat, sont « momentanément éloignés ». Le 3 février, une juridiction exceptionnelle est créée dans chaque département pour exercer la répression à l'égard des simples particuliers. Ces commissions mixtes qui réunissent généralement le préfet, le général commandant le département et un magistrat, jugent rapidement et à huis clos les 26 884 personnes arrêtées au lendemain du coup d'État et dont nous connaissons la sociologie grâce à plusieurs études. Si, localement, les paysans fournissent une proportion importante des interpellés (48 % dans les Basses-Alpes et 40 % dans le Vaucluse, d'après Philippe Vigier, [173]) ou encore 43 % dans le Var (Maurice Agulhon, [29]), les autorités en profitent pour s'en prendre aux chefs locaux du parti républicain (des petits industriels et commerçants, des médecins, des avocats), dont certains ont été des meneurs, mais dont d'autres, comme dans le Loir-et-Cher, n'ont même pas pris part à l'insurrection (Georges Dupeux, [143]). Toutes ces personnes n'ont pas le droit à l'assistance d'un avocat et ne peuvent faire appel de décisions qui ne sont pas des peines judiciaires, mais des mesures de sûreté dont la durée est indéterminée. 239 sont condamnées au bagne de Cayenne, près de 10 000 à la déportation en Algérie, 1 500 à une expulsion du territoire et 2 800 à un internement en France. 5 000 autres demeureront sous surveillance policière. Inquiet de l'ampleur du phénomène, de la sévérité de certaines commissions et de quelques cas de vengeances personnelles, le président envoie trois conseillers d'État en mission extraordinaire à travers la France. Dans le Sud-Est, Quentin-Bauchart commue de nombreuses peines contre enga-

Photographie de Victor Hugo
en exil à Jersey (1853-1855).
(Archives Hachette - L.G.F.)

gement de soumission et le président gracie lui-même beaucoup de condamnés. Finalement, le nombre de déportés est ramené à 198 pour la Guyane et à 6151 pour l'Algérie. Beaucoup parmi les premiers mourront au bagne. La plupart des seconds s'adapteront mal à l'Algérie comme, avant eux, les déportés de juin 1848 (C.-R. Ageron, [220]). Quant aux exilés, ils seront condamnés à vivre d'expédients en Angleterre, en Belgique ou en Suisse, malgré les secours recueillis en leur faveur par le banquier et ancien ministre Goudchaux. Cette misère, la haine inextinguible que plusieurs d'entre eux, comme Hugo, éprouvent maintenant pour « Napoléon le Petit » et la fermeté que leur inspire l'espoir d'un prochain châtiment, préparent le prestige et la victoire futurs de la cause républicaine. Pour l'heure, il est interdit de se dire républicain et de multiples procès-verbaux sont dressés contre ceux qui osent, par exemple, porter un foulard ou une fleur de couleur rouge.

Dans sa volonté de faire disparaître les oppositions, le gouvernement prend immédiatement des mesures fortes. La garde nationale, héritage et symbole de la grande Révolution, est vidée de sa substance. Les cafés et les cabarets sont étroitement surveillés. Les clubs, les réunions politiques et les associations sont interdits. En ce domaine, les sociétés de secours mutuels sont épargnées, mais leurs statuts sont modifiés pour en faire des instruments d'encadrement et d'éducation des classes laborieuses. Le décret du 17 février 1852 impose à la presse un régime très restrictif. L'autorisation préalable est de nouveau nécessaire pour créer un journal politique ou d'économie sociale ou pour procéder à un changement dans la direction. Un cautionnement, des frais de postes et un droit de timbre élevés viennent grever le prix des journaux et réduisent le nombre de lecteurs potentiels. Les délits de presse sont passibles de tribunaux correctionnels, habituellement plus sévères que les jurys populaires. La répétition des

La République décennale et l'Empire autoritaire 79

condamnations permet de suspendre les journaux ou les rédacteurs en chef. Cet arsenal classique a déjà été utilisé par les régimes précédents, mais le nouveau pouvoir innove aussi. Plutôt que de censurer lui-même, il incite la presse à s'autocensurer par l'ingénieux système des avertissements. Le premier avertissement a valeur de rappel à l'ordre, le deuxième provoque une suspension et le troisième entraîne la disparition du titre... mais tout journal est sous la menace d'une interdiction, même s'il n'a jamais été averti ! En outre, les imprimeurs et les libraires sont soumis à un brevet et les théâtres, les bibliothèques et le colportage sont strictement surveillés. Aucun régime depuis le Premier Empire n'a été aussi loin dans le contrôle de l'information. L'importance que le nouveau pouvoir attache à l'opinion publique se traduit aussi dans la multitude de rapports qu'il demande à ses procureurs généraux, à ses préfets, à ses commissaires de police ou encore à ses commandants de gendarmerie et qui contiennent une mine de renseignements sur la situation matérielle et morale des Français.

Le président attribue d'ailleurs un rôle fondamental à l'administration et aux fonctionnaires. Il voit en eux les témoins privilégiés de l'esprit public, mais aussi les principaux agents de sa propagande et naturellement les premiers garants de l'ordre. En conséquence, il augmente légèrement leurs effectifs (ainsi, par exemple, ceux de la police et de la gendarmerie). Il accroît surtout considérablement leurs attributions et en particulier celles des préfets. Un décret du 25 mars 1852 place ces derniers à la tête de tous les services départementaux et leur accorde un pouvoir décisionnel dans 112 domaines : approvisionnement en subsistances, voirie, assistance publique... Les préfets dirigent désormais les sous-préfets, ont le droit de nommer et de révoquer un grand nombre de fonctionnaires subalternes, exercent une véritable tutelle sur les collectivités territoriales et le conseil général et choisissent eux-mêmes les maires des localités de moins de 3 000 habitants (le gouvernement se réservant tout de même la nomination des maires des plus grandes villes). En outre, ils organisent les élections législatives. Leur traitement est augmenté car ils se doivent de mener grand train. On a donc pu qualifier ces hommes d'« empereurs dans leurs départements », mais Bernard Leclère et Vincent Wright [60] ont fait justice du « mythe de l'omnipotence préfectorale » entretenu par les opposants, la presse, les parlementaires et les intéressés eux-mêmes. En effet, le décret de mars 1852 renforce surtout la centralisation, puisque les préfets ont plus de prérogatives dans leurs départements, mais sont aussi davantage soumis aux directives gouvernementales. Ces hommes qui ont été nommés par le président lui sont d'une grande fidélité, même s'ils ne sont pas tous d'authentiques bonapartistes. Après le coup d'État, ils ne sont que huit à démissionner et six à être révoqués. Appartenant pour l'essentiel à l'aristocratie ou à la grande bourgeoisie et ayant fait de solides études, les préfets sont en général de grande valeur. De plus, comme le chef de l'État l'expliquera en 1862 : « Un préfet médiocre, mais connaissant depuis longtemps le pays vaut mieux qu'un préfet distingué et de passage ». Voilà pourquoi 24 préfets restent à leur poste plus de dix ans et même deux (celui des Ardennes et celui de la Seine-Inférieure) pendant tout le régime. Voilà aussi pourquoi l'excentrique Janvier de la Motte parvient à se maintenir à la préfecture de l'Eure de 1856 à 1868 alors que ses mœurs légères et ses dettes énormes sont de notoriété publique [60].

L'instruction publique est aussi l'objet de soins très attentifs. C'est le président en personne qui désigne les membres du Conseil supérieur et le ministre qui nomme et révoque tous les enseignants. Le personnel est mis au pas, au prix de la seule véritable épuration de l'administration française [47]. Quelques milliers d'instituteurs et plusieurs centaines de professeurs, tel l'historien Michelet, sont ainsi révoqués pour républicanisme. Des personnalités qui refusent de prêter serment, comme le philosophe Jules Simon, sont déclarées démissionnaires d'office. Les autres se voient interdire le port de la barbe, réputée républicaine, et doivent soumettre le plan de leurs cours à leur hiérarchie. Les spécialités d'agrégation sont ramenées à deux (sciences et lettres), ce qui permet de faire disparaître la philosophie et l'histoire accusées de développer dangereusement l'esprit critique.

En outre, le gouvernement est soutenu par l'Église catholique et n'a rien à craindre des autres forces spirituelles du pays. Même si le président, au demeurant peu intéressé par la religion, refuse de rendre obligatoire le mariage religieux ou d'abolir les Articles organiques ajoutés par son oncle au Concordat pour renforcer les pouvoirs de l'État sur l'Église, sa politique (ordre moral, soutien aux congrégations, édification d'églises) a de quoi séduire le clergé. La plupart des évêques font des éloges enthousiastes de l'« élu de la providence » et Louis Veuillot, dont le journal *L'Univers* exerce une grande influence sur les curés, se rallie au pouvoir. Par ailleurs, si les protestants et les israélites sont majoritairement attachés au respect de la liberté et à la démocratie, les organes de direction des deux communautés adhèrent également au nouveau régime. Quant à la Franc-maçonnerie, elle est bien tenue en main. Pour sauver leur obédience, les dignitaires du Grand Orient confient par exemple la grande maîtrise à Lucien Murat, cousin de Louis-Napoléon (Pierre Chevallier, [180]).

Le chef de l'État peut s'appuyer en toute quiétude sur un Sénat dont il a choisi les membres et dont le premier président est Jérôme Bonaparte, frère de Napoléon Ier et ancien roi de Westphalie, et son successeur pendant la quasi-totalité du régime, Troplong, l'un des auteurs de la Constitution. Les sénateurs qui sont ministres, hauts fonctionnaires, magistrats, militaires, membres des milieux économiques et financiers et dont beaucoup appartiennent à la noblesse impériale, sont des fidèles. Certains ont tendance à considérer leur fonction comme une retraite dorée. Ils ne brillent pas par leur activité et ne votent qu'une trentaine de sénatus-consultes de 1852 à 1856. Le pouvoir attend le même soutien des conseillers d'État. Cependant, ces juristes de formation sont rarement des bonapartistes convaincus et bien plus souvent des convertis récents (Vincent Wright, [83]). La plupart sont attachés aux libertés et certains d'entre eux n'hésitent pas à résister au président dès janvier 1852. En effet, lorsque le 23 du mois, celui-ci nationalise les biens de la famille d'Orléans, une véritable fronde part du Conseil et s'étend rapidement à l'Institut, aux salons et même au gouvernement où quatre ministres, dont Morny, démissionnent. La décision est en effet perçue comme une atteinte à la propriété privée et une vengeance. S'il est prévu de consacrer le produit de l'opération aux sociétés de secours mutuels ou encore aux logements ouvriers, on parle du « premier vol de l'aigle ». Le chef de l'État maintient la mesure et révoque plusieurs conseillers d'État.

Pour éviter une autre déconvenue, le pouvoir apporte un soin particulier au choix des candidats à la députation et aux élections législatives qui doivent se dérouler les 29 février et 1er mars suivants. Le scrutin uninominal à deux tours dans le cadre de l'arrondissement est retenu plutôt que le scrutin de liste, pour mieux contrôler l'électorat et rendre plus difficile la manifestation des grands courants d'opinion. Les circonscriptions sont savamment découpées, de façon à noyer des quartiers urbains réputés hostiles dans des campagnes supposées favorables ou, au moins, dociles. Mais l'essentiel est ailleurs. La pratique de la candidature officielle, qui existait déjà sous les monarchies précédentes, est systématisée. Le ministre de l'Intérieur, Morny, puis son successeur, Persigny, demandent aux préfets d'utiliser tous les moyens à leur disposition pour « éclairer » les électeurs et assurer le succès des candidats du gouvernement. La campagne de ces derniers sera donc conduite personnellement par les préfets et mobilisera la magistrature, l'instruction publique, la gendarmerie, le clergé, les maires ou encore les gardes champêtres. L'État paiera tous les frais des candidats officiels qui, en outre, bénéficieront des affiches blanches, réservées d'ordinaire aux communications officielles, apposées par les soins de l'administration aux emplacements légaux et qui ne pourront être arrachées sous peine de poursuites. Les fonctionnaires chercheront à intimider les autres candidats ainsi que leurs imprimeurs, leurs agents électoraux, leurs partisans déclarés et, plus largement, tous leurs électeurs potentiels. Ces adversaires n'auront pas non plus la possibilité d'utiliser la presse ou d'organiser des réunions publiques pour se faire connaître. Il y a, du reste, peu à craindre d'une opposition éliminée, apeurée ou résignée. En revanche, les bonapartistes éloignés du pouvoir depuis 1815 manquent d'élites locales et donc de candidats. La création d'un parti est contraire à l'idéal de fusion nationale qu'incarne le bonapartisme. L'Association nationale électorale et les comités bonapartistes fondés pendant la campagne plébiscitaire et dont certains réclament d'ailleurs des vastes réformes sociales qui inquiètent le gouvernement sont donc dissous. Dans leur quête de candidats, Morny puis Persigny demandent à leurs préfets de leur trouver des « hommes neufs » qui auraient accédé à la fortune « par le travail, l'industrie ou l'agriculture » et qui en auraient fait un « noble usage ». Ces personnalités dont les patrons paternalistes et bienfaisants constituent des idéaux-types présenteraient le triple avantage pour le pouvoir d'être peu expérimentés et donc facilement manœuvrables, de permettre de se passer de l'ancienne classe politique et de donner au pays le signal du changement. Cependant, le gouvernement ne trouve pas de tels hommes dans la plupart des circonscriptions. Il doit donc recourir aux notables traditionnels venus de l'orléanisme et du légitimisme (É. Anceau, [33]).

Les élections sont un triomphe pour le régime puisque sur 9,8 millions d'électeurs, 5,2 se prononcent pour les candidats du gouvernement contre 810 000 pour les opposants. Le mode de scrutin amplifie même le phénomène. C'est ainsi que 249 des 261 élus ont reçu l'investiture officielle. Une pression électorale généralisée et quelques cas de fraude (bourrage d'urnes, falsification de procès-verbaux) sont attestés. Cependant, l'ampleur du succès s'explique surtout par la satisfaction de l'électorat à l'égard d'un gouvernement qui assure le maintien de l'ordre et garantit la propriété, par la fin de la dépression économique que traversait le pays depuis bientôt six ans et par l'absence de candidats de l'opposition dans de nombreuses circonscriptions. Le taux d'abstention atteint globalement 37 % et même 81 % à Vierzon, 70 % à Bordeaux ou encore 55 % à Marseille. En ouvrant la session, le 29 mars 1852, le président, très satisfait, annonce : « La dictature que le peuple m'avait confiée cesse aujourd'hui. Les choses vont reprendre leur cours régulier ». Comme les trois élus républicains (Carnot, Cavaignac et Hénon) refusent de prêter serment et sont aussitôt déclarés démissionnaires, que les royalistes et les indépendants élus contre un candidat officiel en font autant ou se rallient, l'opposition ouverte au régime se réduit finalement au seul Montalembert !

Le rétablissement de l'Empire

Le coup d'État du 2-Décembre rappelait celui du 18-Brumaire. La République décennale évoque le Consulat. Il est naturel que l'on songe désormais à l'Empire. Le régime prend rapidement un tour monarchique.

C'est ainsi que le chef de l'État s'installe aux Tuileries, qu'il signe de son prénom, y compris la Constitution, et que l'on parle du « prince-président ». Il est interdit de célébrer la proclamation de la République. Quant à la devise « Liberté, Égalité, Fraternité », elle est effacée du fronton des bâtiments officiels. Il faut cependant préparer l'opinion et vaincre les hésitations du principal intéressé, Louis-Napoléon, qui craint les réactions de l'Europe et qui a peut-être des scrupules. Persigny joue alors un rôle déterminant. Il a l'idée d'un grand voyage du président à travers la France et prescrit secrètement aux préfets de ne négliger aucun moyen pour en faire un triomphe (foules de commande réclamant l'Empire, illuminations...). À partir du 14 septembre, le chef de l'État visite donc le centre de la France puis se rend à Marseille par la vallée du Rhône. Dans le grand port, il pose la première pierre de nouveaux édifices : cathédrale, palais de la Bourse, Chambre de commerce. Devant l'enthousiasme, particulièrement en Languedoc et en Gironde où le préfet Haussmann lui a préparé un accueil grandiose, il prononce à Bordeaux, le 9 octobre, un discours décisif : « Jamais peuple n'a témoigné d'une manière plus directe, plus spontanée, plus unanime la volonté de s'affranchir des préoccupations de l'avenir, en consolidant dans la même main un pouvoir qui lui est sympathique... La France semble vouloir revenir à l'Empire ». Le 7 novembre, le Sénat propose le rétablissement de la dignité impériale et le plébiscite des 21 et 22 novembre l'approuve avec plus de 96 % de « oui » et seulement 2 millions d'abstentions. Le 2 décembre 1852, Louis-Napoléon Bonaparte est proclamé empereur héréditaire des Français, 48 ans jour pour jour après le sacre impérial de son oncle. Le choix de la date n'échappe à personne. Il s'agit d'une restauration. Du reste, le nouvel empereur prend le nom de Napoléon III par égard pour son cousin, le roi de Rome qui n'a pu régner mais en faveur duquel son père,

Napoléon, empereur des Français.
Peinture par Flandrin. (Archives Hachette - L.G.F.)

Napoléon Ier, avait abdiqué. En revanche, il ne parvient pas à se faire sacrer car le pape Pie IX, qui n'a accordé jusque-là cette faveur à aucun souverain, s'y refuse.

Ce nouveau 2 décembre est moins fondamental que celui de l'année précédente. La Constitution est à peine modifiée. Le terme « empereur » y remplace celui de « président de la République ». Un sénatus-consulte du 25 décembre accroît les pouvoirs du chef de l'État (droit de faire et de modifier à son gré les traités de commerce et d'ordonner les travaux d'utilité générale) et de son gouvernement (en matière budgétaire, au détriment du Corps législatif). La liste civile est doublée pour atteindre le niveau de celle du roi sous la Restauration. Une Cour s'organise avec une Maison de l'Empereur. À la tête de celle-ci, se trouvent un ministre et six grands officiers de la Couronne, assistés d'officiers subalternes qui commandent tout un peuple de serviteurs. Mais la Cour ne fait pas la politique de la France. L'empereur décide seul. Il s'appuie cependant sur quelques collaborateurs privilégiés, en particulier sur deux fidèles : son chef de cabinet, Mocquard, qui s'occupe de sa correspondance, de ses discours, de ses audiences et de ses déplacements, et son médecin, Conneau, qui dirige son service des dons et secours et qui accomplit pour son compte les missions diplomatiques secrètes et délicates. Les ministres, en revanche, sont réduits, au début du régime tout du moins, au « double rôle technique de fournisseurs d'informations ou de documentation et d'agents d'exécution » (Alain Plessis, [20]). Napoléon III attend surtout des renseignements du Conseil des ministres qu'il réunit habituellement deux fois par semaine. Il préfère régler les problèmes en tête à tête avec chacun de ses ministres. Le gouvernement est une équipe restreinte d'une dizaine de membres et très stable puisqu'une quarantaine de personnes seulement s'y succèdent jusqu'en 1869. Ces ministres de grande valeur, dévoués et compétents, mais dont peu méritent le qualificatif d'« hommes d'État » constituent un milieu assez homogène. La plupart sont de la génération du souverain, appartiennent à la bourgeoisie et ont reçu une formation poussée, en particulier en droit. Là encore, ils ne sont pas des bonapartistes de longue date, à l'exception de Persigny, mais des gens qui ont servi les régimes précédents sans pouvoir monter jusqu'au sommet de l'État. Napoléon III leur offre cette possibilité. Billault, ancien avocat qui a été sous-secrétaire d'État sous la monarchie de Juillet avant de lier son sort au sien, est, en quelque sorte, l'archétype du ministre du Second Empire. Il reçoit l'Intérieur, après avoir été le premier président du Corps législatif, puis devient ministre sans portefeuille et enfin ministre d'État. Ce travailleur acharné qui renonce à ses propres idées pour mieux défendre celles de l'empereur, meurt d'épuisement en 1863. Lui comme ses collègues reçoivent des émoluments importants (40 000 francs), des cadeaux magnifiques et des décorations du souverain. Ils ont aussi la possibilité de placer leurs proches dans l'administration, au Conseil d'État, voire au Corps législatif. On retrouve ainsi dans cette assemblée le père de Maupas, le frère de Fortoul, deux fils et un neveu de Fould, un fils d'Abbatucci... (É. Anceau, [32]).

Mais il ne suffit pas d'être bien entouré, encore faut-il assurer la pérennité du régime. Or, Napoléon III est célibataire. Ses plus proches parents et héritiers sont le roi Jérôme, son vieil oncle, et les deux enfants de celui-ci, la princesse Mathilde qui a été la maîtresse de maison de Louis-Napoléon à l'Élysée et le prince Napoléon (Plonplon), fort intelligent mais d'humeur changeante, parfois violent, très anticlérical et qui a même siégé sur les bancs de l'extrême gauche à la Constituante et à la Législative. Inquiet de la perspective d'une telle succession, l'entourage impérial encourage Napoléon III à se marier. Après l'échec de plusieurs projets avec des princesses étrangères et en particulier une nièce de Victoria, celui-ci s'entiche d'une Espagnole de 26 ans, Eugénie de Montijo, comtesse de Teba, qui parcourt les capitales et les villes d'eaux d'Europe avec sa mère, en quête d'un beau parti. Alors que l'on croit à une passade (il a multiplié jusque-là les conquêtes féminines), la surprise est complète lorsque, le 22 janvier 1853, le souverain annonce la nouvelle de son prochain mariage aux grands corps de l'État. Puisque la jeune femme n'est pas de famille princière, quoique d'ancienne noblesse, il présente cette union, finalement célébrée huit jours plus tard, comme un gage d'indépendance vis-à-vis des dynasties étrangères. Même si elle deviendra impopulaire durant la seconde partie du règne car on prêtera alors à sa ferveur catholique et à son conservatisme une influence néfaste sur son époux, l'impératrice exerce pour l'heure une certaine séduction sur ses sujets (V. Bidegain, [136]). N'a-t-elle pas renoncé à la parure de diamants offerte par la ville de Paris en cadeau de mariage pour en consacrer la valeur à la fondation d'une maison d'éducation pour les jeunes filles pauvres ? Les populations sont également fières que leur souverain ait préféré un mariage d'amour avec une belle jeune femme dont le père a servi la France sous le Premier Empire plutôt qu'une alliance matrimoniale avec une dynastie jadis ennemie. Dans le domaine des relations internationales, les innovations de Napoléon III ne s'arrêtent pas là.

Le retour de la France dans le concert des grandes puissances

L'Europe des princes avait accueilli favorablement l'élection présidentielle, tant la Révolution de février avait inquiété, chez un peuple enclin à bouleverser l'ordre continental. Le bain de sang du coup d'État n'avait guère ému que la reine d'Angleterre, Victoria. Le tsar, l'empereur d'Autriche, le roi de Prusse n'y avaient vu, de leur côté, qu'un moyen de mettre un terme à l'anarchie. Le rétablissement de l'Empire n'est pas accepté aussi facilement. Le Congrès de Vienne de 1815 a en effet exclu à perpétuité les Bonaparte du trône de France. En outre, le neveu ne nourrit-il pas les mêmes ambitions que l'oncle ? N'a-t-il pas combattu dans sa jeunesse le pouvoir temporel du pape et la puissance autrichienne aux côtés des patriotes italiens ? Dans son discours de Bordeaux, il s'est voulu rassurant : « Par esprit de défiance, certaines personnes se disent : l'Empire, c'est la guerre. Moi je dis : l'Empire, c'est la paix ». Mais c'est l'attitude de l'Angleterre qui s'avère décisive. Dans ce pays, le prince jouit d'un important capital de sympathie pour y avoir longtemps vécu. Les dirigeants comme lord Malmesbury, en charge du Foreign Office, ont apprécié qu'il se fasse représenter aux obsèques du duc de Wellington, l'adversaire de Napoléon Ier. L'Angleterre finit donc par reconnaître le Second Empire et les autres grandes puissances ne tardent pas à la suivre.

Une partie des idées du nouvel empereur sont connues. Il les a développées des années auparavant dans des livres et dans des brochures. Mais l'Europe ne soupçonne pas alors que ce « doux entêté », comme le surnommait jadis sa mère, n'abandonne jamais une idée à laquelle il tient, que sa confiance en sa bonne étoile peut le conduire à toutes les audaces et que son art de la dissimulation est susceptible de faire de ces dernières de véritables coups de théâtre (William Smith, [281] et Louis Girard, [263]). Deux principes sous-tendent la pensée européenne de Napoléon III : le droit des peuples à disposer d'eux-mêmes et la grandeur de la France. Les deux sont, selon lui, indissolublement liés. Il a fait sienne cette phrase du *Mémorial de Sainte-Hélène* : « Le premier souverain qui, au milieu de la première grande mêlée, embrassera de bonne foi la cause des peuples, se trouvera à la tête de toute l'Europe » et il se voit évidemment jouer ce rôle. Sa compassion pour la cause des opprimés et sa générosité l'y poussent autant que son ambition personnelle et celle qu'il entretient pour son pays. Pour y parvenir, il sait qu'il lui faudra obtenir la révision des traités de 1815 signés sur les ruines encore fumantes de l'Empire de son oncle. Mais il n'a pas l'esprit belliqueux ou conquérant. Il n'est d'ailleurs pas un partisan absolu du principe des nationalités (William Smith, [1]) et considère que la géographie, l'histoire ou le désir de vivre ensemble rendent viables certains États composés de plusieurs nationalités. Optimiste, il pense que les problèmes internationaux peuvent se résoudre pacifiquement par des congrès et que le nouvel ordre européen peut être garanti par une confédération. Il se considère d'ailleurs comme « le premier des Européens » et ambitionne de réaliser un jour les États-Unis d'Europe. La plupart des diplomates français qui découvriront progressivement ce programme ambitieux ne le comprendront pas et le jugeront aventureux et irréaliste. Voilà pourquoi Napoléon III prendra l'habitude d'agir souvent par voie secrète et de négocier par-dessus ses ministres et ambassadeurs.

C'est une politique d'entente avec l'Angleterre et de divisions des puissances conservatrices (Russie et Autriche) qui marque les premières années de l'Empire, comme le montre la guerre d'Orient. L'Empire turc est déjà « l'homme malade de l'Europe ». Le tsar Nicolas Ier aimerait profiter de sa faiblesse pour prendre le contrôle des détroits et dominer la péninsule balkanique. Ces visées inquiètent l'Angleterre qui entend conserver la maîtrise de la route des Indes par le Proche-Orient. De plus, le tsar souhaiterait que la garde des lieux saints, confiée par le sultan à des religieux latins protégés par la France, passe à des moines grecs orthodoxes. En mai 1853, il revendique même un protectorat sur les orthodoxes de l'Empire ottoman. Soutenu par l'Angleterre et par la France, le sultan refuse. Les troupes russes envahissent alors les provinces roumaines de l'Empire turc et l'Angleterre et

Conférence entre le général Pélissier,
lord Raglan et Omar Pacha.

Prise de la tour de Malakoff.
(Archives Hachette - L.G.F.)

la France déclarent la guerre au tsar en mars 1854. Napoléon III voit un triple avantage à s'engager dans ce conflit. L'alliance avec l'Angleterre brisera l'isolement diplomatique de la France. La victoire dont il ne doute pas affaiblira l'une des puissances garantes du traité de Vienne. Elle lui procurera une gloire militaire à peu de frais qui consolidera son régime. Après quelques opérations périphériques et le repli sans combattre de l'armée russe d'invasion, les troupes franco-anglaises débarquent dans la presqu'île de Crimée en septembre 1854. Il s'agit d'y prendre la base maritime de Sébastopol, fondement de la puissance russe en mer Noire. La brillante victoire des zouaves, à l'Alma, laisse espérer une issue rapide. Mais la mésentente des alliés et la défense héroïque des Russes provoquent l'enlisement de la guerre. Durant le siège qui dure onze mois et se transforme rapidement en une guerre de tranchées, le choléra, le typhus mais aussi le froid, la dysenterie ou encore le scorbut déciment l'armée. En France, l'opinion commence à s'impatienter, mais l'envoi de nouvelles troupes, le renfort du Piémont qui compte ainsi obtenir l'appui de Napoléon III pour s'agrandir en Italie et la prise, le 8 septembre 1855, de la tour de Malakoff qui protège la ville, décident de la victoire. Deux jours plus tard, Sébastopol tombe. Le nouveau tsar Alexandre II, qui succède à l'intransigeant Nicolas Ier, accepte d'entamer des négociations, d'autant que Prussiens et Autrichiens se font à leur tour menaçants. Cette guerre qui est la première de l'ère industrielle (utilisation de la vapeur et des cuirassés, des obus explosifs ou encore du télégraphe) est très meurtrière (Alain Gouttman, [230] et Michèle Battesti, [222]). Les Russes déplorent 110 000 morts, les Français 95 000, dont sans doute les trois quarts de maladies, les Britanniques 20 000 et les Piémontais, 2 000.

De février à avril 1856, un Congrès réunit à Paris l'ensemble des belligérants ainsi que la Prusse et l'Autriche. Présidée par le ministre français des Affaires étrangères, Walewski, cette réunion est la première d'une telle importance depuis 1815. Elle marque le « printemps tant attendu de la diplomatie française » (Yves Bruley, [226]). Certes, la France n'obtient pas d'avantages concrets du traité signé le 30 mars, mais elle pèse d'un poids décisif dans les résolutions finales. La mer Noire est neutralisée. S'il reçoit la garantie de l'indépendance et de l'intégrité de son Empire, le sultan reconnaît les mêmes droits aux chrétiens et aux musulmans et accepte l'autonomie des principautés de Moldavie, de Valachie et de Serbie sous sa suzeraineté. La bienveillance que Napoléon III manifeste aux minorités slaves et roumaines lui vaut leur profonde sympathie. C'est du reste un noble francophile et soutenu par la France, Alexandre Couza, que la Moldavie et la Valachie choisiront bientôt pour être leur gouverneur commun (Dan Berindei, [224]). Quant au Piémont, il doit son admission au sein du concert européen au souverain français. C'est aussi grâce à celui-ci qu'il peut poser la question italienne, au grand mécontentement des Autrichiens et des catholiques français, comme Louis Veuillot. Le front des puissances conservatrices semble rompu. La Russie, qui estime avoir été lâchée par ses alliés traditionnels, se rapproche de la France. Morny, envoyé par Napoléon III au couronnement du nouveau tsar, à Saint-Pétersbourg, y est reçu fastueusement et épouse une princesse russe.

L'apogée de l'Empire autoritaire

Malgré de mauvaises récoltes, une épidémie de choléra, la maladie du ver à soie ou les inondations des vallées de la Loire, du Rhône et de la Garonne, c'est en 1856 que se situe l'apogée du régime. L'Exposition universelle de Paris organisée l'année précédente a été un grand succès et a montré que les produits français étaient les seuls à pouvoir rivaliser avec ceux des îles

« Promenade à l'Exposition universelle
de Paris, 1855. » (Photo Jean-Loup Charmet).

britanniques. L'avenir paraît radieux pour une dynastie qui est enfin fondée. Un héritier, le prince Impérial, vient en effet de naître, le 16 mars, en plein Congrès de Paris. L'opposition ne semble pas devoir relever la tête. À droite, elle se limite à quelques salons et à l'Académie française qui élit Berryer ou encore Falloux. Guizot écrit alors ses *Mémoires,* pendant que Thiers se consacre à son *Histoire du Consulat et de l'Empire* et à ses collections (Pierre Guiral, [266]) ! Si quelques légitimistes ont bravé les consignes d'abstention du comte de Chambord pour siéger dans les conseils généraux, la plupart se sont retirés dans leurs châteaux et pratiquent une véritable émigration de l'intérieur. Quant aux républicains, ils se contentent de manifester silencieusement, lors d'enterrements (25 000 personnes suivent ainsi le convoi de madame Raspail en 1853), ou de diffuser clandestinement les écrits des exilés, comme *Les Châtiments* d'Hugo. La révolte des ardoisiers de Trélazé, encadrée par l'une des rares sociétés secrètes subsistantes, « la Marianne », en août 1855, est un cas très isolé et un échec cuisant (Raymond Huard, [55]). Certains députés n'hésitent pas à critiquer l'ampleur du déficit et l'accroissement de la dette flottante (on les surnomme les « budgétaires ») et une majorité se dégage même parfois pour repousser certains projets de loi, comme celui qui vise à libéraliser le régime douanier en 1856, mais le Corps législatif est bien tenu en main par Morny qui a succédé à Billault. Les débats sont peu animés et n'ont aucun écho dans le pays. Désirant profiter de ce climat favorable, Napoléon III décide de dissoudre le Corps législatif, un an avant le terme de la législature, et de convoquer les électeurs pour le mois de juin 1857.

Mis à part dix candidats jugés trop faibles ou trop indépendants comme Montalembert, tous les députés sortants reçoivent de nouveau l'investiture gouvernementale et rien n'est négligé pour assurer leur succès.

Face à eux, aucun des chefs célèbres du légitimisme et de l'orléanisme ne se présente. En revanche, les républicains s'organisent et forment un comité électoral à Paris où ils ont les chances les plus sérieuses d'emporter quelques sièges. Ils se divisent cependant sur l'attitude à suivre. D'un côté, les hommes de 1848 (Cavaignac, Carnot, Goudchaux...) refusent tout compromis avec le régime et démissionneront s'ils sont élus. De l'autre, de jeunes républicains, réalistes et ambitieux, comme l'avocat Émile Ollivier, considèrent cette attitude suicidaire pour le parti et sont bien décidés à porter la contestation au Palais-Bourbon. Les élections sont un indéniable succès pour le pouvoir, dont les favoris recueillent près de 5,5 millions de voix contre seulement 665 000 aux opposants. Sur 267 élus, 253 ont bénéficié de l'appui du gouvernement et la plupart des autres sont d'anciens candidats officiels et ne sont donc pas dangereux. Les légitimistes et les orléanistes sont tous battus. Montalembert a été très nettement devancé dans le Doubs. Cependant, les abstentions sont fortes (35,5 % des inscrits) et, surtout, les républicains réalisent une belle percée. Ils gagnent 5 des 10 sièges dans la Seine et un autre à Lyon.

Cette hostilité des grandes villes mécontente Napoléon III. Dans son entourage, certains proposent d'accentuer la politique répressive, mais il hésite. Un événement dramatique survenu le 14 janvier 1858 va le convaincre. Ce soir-là, trois bombes sont lancées sur sa voiture, alors qu'il se rend à l'Opéra avec son épouse. Par miracle, le couple impérial est indemne, mais cent cinquante-six personnes ont été touchées parmi les passants et les soldats. Huit mourront. Les quatre coupables, tous italiens, sont bientôt arrêtés. Comme Pianori en 1855 ou Tibaldi en 1857, le chef du complot, Felice Orsini, a voulu supprimer un souverain qui, selon lui, fait obstacle à l'indépendance de son pays, dans l'espoir que sa mort provoque une révolution qui s'étende à l'Italie. L'attentat pose brutalement la question d'une vacance au sommet de l'État. Pour y répondre, un Conseil privé qui peut se transformer, selon la nécessité, en Conseil de régence est mis en place. Mais le chef de l'État et son gouvernement sont aussi décidés à profiter de l'occasion pour se débarrasser de nouveaux opposants. En ouvrant la session du Corps législatif, Napoléon III prévient que : « Le danger, quoi qu'on en dise, n'est pas dans les prérogatives excessives du pouvoir, mais plutôt dans l'absence de lois répressives ». De nombreuses adresses, plus ou moins spontanées, sont reproduites dans *Le Moniteur* pour l'encourager à sévir. Des journaux sont donc supprimés et *Le Siècle,* le plus important des titres de la presse de gauche, ne doit d'être sauvé qu'à une démarche personnelle de son directeur auprès de l'empereur. Le général Espinasse, militaire à poigne, est nommé ministre de l'Intérieur et de la Sûreté générale. Cinq maréchaux sont placés au-dessus des préfets. Une loi de sûreté générale est surtout adoptée le 17 février, malgré une vive opposition d'une partie du Conseil d'État et du Corps législatif. Surnommée « loi des suspects », elle permet d'arrêter, d'exiler, de déporter sans procès quiconque a fait l'objet de condamnations politiques depuis 1848 et, plus largement, quiconque est jugé « dangereux pour la sûreté publique ». Elle fait immédiatement 450 victimes, déportées pour la plupart en Algérie. Avec cette légalisation de l'arbitraire, on se croit revenu au lendemain du coup d'État du 2-Décembre. Pourtant, l'Empire autoritaire qui connaît là son apogée est aussi proche de sa fin. La loi de sûreté générale ne sera certes abrogée qu'en 1870, mais elle entre en sommeil dès le printemps. En juin, le sévère Espinasse quitte le gouvernement (Vincent Wright, [82]). Le chapitre suivant présentera ce revirement et essaiera d'en expliquer les raisons.

IV

LE TEMPS DES GRANDES INITIATIVES

La guerre d'Italie de 1859 et ses prolongements

L'attentat d'Orsini est capital. Il entraîne un changement radical de politique extérieure. Par contrecoup, la politique intérieure définie au lendemain du 14 janvier 1858 se trouve, elle aussi, bouleversée. Depuis sa jeunesse, l'empereur s'intéresse de près au sort d'une Italie morcelée. Il souhaiterait satisfaire les aspirations nationales des Italiens, mais il hésite à agir devant les multiples complications qu'une telle initiative risquerait d'entraîner (révolution, mécontentement des puissances étrangères, du pape et des catholiques ou encore des milieux d'affaires,...). Les bonapartistes de gauche et les italophiles voient dans l'attentat une magnifique occasion de le convaincre. Le préfet de police Piétri joue ici un rôle décisif. Il rend visite au conspirateur dans sa prison et parvient à le convaincre qu'il s'est trompé de cible. Il lui assure que le souverain est l'unique espoir de ceux qui souhaitent un affranchissement de la péninsule. Orsini écrit alors à Napoléon III pour l'adjurer d'intervenir en faveur de sa patrie et son avocat, Jules Favre, obtient de lire la lettre à l'audience : « Délivrez l'Italie et les bénédictions de 25 millions d'Italiens vous accompagneront. » Ému, le souverain autorise *Le Moniteur* à reproduire la plaidoirie. Après avoir été condamné à mort avec deux de ses complices, Orsini fait amende honorable et désavoue l'assassinat politique. Napoléon III envisage alors une grâce. Il en est dissuadé par son entourage et, le 13 mars, Orsini est exécuté. Mais l'empereur est maintenant décidé à intervenir. Au cours d'une entrevue secrète à Plombières, le 21 juillet, il s'engage verbalement devant Cavour, le président du Conseil piémontais, à libérer l'Italie des Autrichiens. Le pays sera reconstruit en quatre États (royaume d'Italie du Nord autour du Piémont, États de l'Église légèrement amputés, nouveau royaume d'Italie centrale et royaume de Naples inchangé car allié d'une Russie dont on attend une bienveillante neutralité) qui seront réunis dans une confédération sous la présidence honorifique du pape. Pour prix de son intervention, la France recevra la Savoie et Nice. Le 10 décembre suivant, un traité défensif franco-piémontais vient sceller l'alliance. Il est officialisé un mois plus tard au moment où le prince Napoléon, grand défenseur de la cause italienne, épouse la fille du roi du Piémont, Victor-Emmanuel. Dès lors, Vienne est très remontée contre Paris (J.-P. Bled, [249]). Pour défendre le point de vue de l'empereur et préparer les esprits à l'idée d'une guerre, une brochure officieuse intitulée *Napoléon III et l'Italie* est publiée. L'effet est désastreux. Les députés n'applaudissent que du bout des doigts le discours de Napoléon III à l'ouverture de la session législative et Morny lui répond le lendemain par des paroles hostiles à la guerre. L'opinion s'inquiète et la Bourse baisse. Napoléon III recule. Il propose désormais un Congrès européen pour régler la question italienne. Cavour ne parvient pas à le fléchir (R. Romeo, [276]). En outre, la France ne s'est engagée à intervenir qu'en cas d'agression autrichienne. À force de provocations, le Piémont obtient néanmoins ce qu'il souhaite. Sachant que le temps joue contre elle, l'Autriche se résout en effet à déclencher elle-même le conflit. Elle adresse un ultimatum au Piémont. Le petit royaume est sommé de désarmer dans les trois jours. Devant son refus, Vienne décide une intervention militaire, le 29 avril. La France honore son engagement vis-à-vis du Piémont et déclare la guerre à l'Autriche.

Le départ des troupes que Napoléon III a décidé de commander en personne se déroule dans un enthousiasme patriotique inouï. Tout le long du trajet qui le mène des Tuileries à la gare de Lyon, l'empereur est acclamé. Majoritairement hostile à l'Empire, le peuple de Paris considère le conflit qui s'annonce comme une guerre de libération. La popularité de cette idée bénéficie au régime (G. Duveau, [145] et L.M. Case, [227]). C'est dans le nord de la péninsule que les Franco-Piémontais affrontent les Autrichiens. La victoire de Magenta, le 4 juin, permet la conquête de la Lombardie, celle de Solferino, le 24, semble promettre celle de la Vénétie. Mais au terme de ces batailles confuses et très meurtrières (près de 40 000 morts et blessés à Solferino), les Autrichiens se sont repliés sans avoir été écrasés. La réduction de leurs places fortes s'annonce délicate. Le typhus fait son apparition dans une armée française déjà décimée et qui manque cruellement de vivres. Des soulèvements ont éclaté en Italie centrale et font craindre une contagion révolutionnaire. En France, le parti de la paix grossit chaque jour. Comme le député Plichon, beaucoup se demandent si l'on peut être à la fois révolutionnaire au-delà des Alpes et conservateur en deçà. Inquiète des progrès français, la Prusse a commencé à mobiliser son armée. La France n'est pas en état de soutenir une guerre sur deux fronts. Napoléon III offre donc la paix à François-Joseph, qui accepte d'autant plus facilement qu'il n'entend pas devoir son salut aux Prussiens.

Le 10 juillet, les deux empereurs se rencontrent à Villafranca où des préliminaires de paix sont bientôt signés sans que le Piémont ne soit consulté. L'Autriche renonce à la Lombardie, mais conserve la Vénétie. En outre, il est prévu de restaurer les princes qu'elle pro-

La bataille de Solférino. Peinture par Guérard.
Musée de l'Armée.

Défilé de l'armée victorieuse en Italie (juillet 1859).
(Archives Hachette - L.G.F.)

tège. Le pape présidera une confédération des sept États italiens. De son côté, le Piémont ne s'agrandit que du Milanais. Indigné, Cavour démissionne. Napoléon III, qui n'a pas tenu ses engagements de Plombières, renonce à la Savoie et à Nice. Si son armée a défait les Autrichiens après avoir vaincu les Russes et passe désormais pour la première au monde, il s'est perdu dans l'opinion italienne. En voulant reconquérir celle-ci, il va s'aliéner les catholiques français. En effet, de nouveaux soulèvements en Italie centrale rendent rapidement inapplicable le traité de Zurich issu de Villafranca. Des Assemblées constituantes proclament la volonté des populations des duchés de Parme et de Modène, du grand-duché de Toscane et de la Romagne pontificale d'être annexés au Piémont. Napoléon III encourage le mouvement. Il inspire même une nouvelle brochure, *Le Pape et le Congrès,* dans laquelle l'idée d'un démembrement des États pontificaux est avancée : le pouvoir spirituel et l'autorité morale de Pie IX seront d'autant plus grands que son pouvoir temporel sera réduit. Après le retour aux affaires de Cavour, des plébiscites sont organisés dans les États et les provinces révoltés. Ils se prononcent unanimement pour le rattachement au Piémont. Mais l'agitation ne retombe pas. Cavour fait alors preuve de toute son habileté. Il se sert du général Garibaldi pour conquérir la Sicile et Naples, convainc Napoléon III de le laisser faire puis bat les troupes pontificales à Castelfidardo, en septembre 1860. Des plébiscites et des élections entérinent ce coup de force et lui permettent de constituer un royaume d'Italie au profit de son souverain, en mars 1861. À la mort de Cavour, en juin suivant, il ne manque plus que la Vénétie, Rome et le Latium pour que l'unité italienne soit complète.

Le profit qu'en tire Napoléon III est discutable. Certes, en avril 1860, Nice et la Savoie sont annexées par la France après plébiscites et forment trois nouveaux départements (Alpes-Maritimes, Savoie et

Haute-Savoie), mais la politique italienne se paie d'une rupture avec les catholiques. Pour Pie IX, Napoléon III n'est plus qu'un « menteur » et un « fourbe ». Plusieurs évêques défendent le pouvoir temporel et leurs mandements critiquent parfois l'attitude de l'empereur (J.-O. Boudon, [176]). La presse ultramontaine excite le bas clergé et le peuple catholique. Des pétitions sont adressées au Sénat. Même la Société de Saint-Vincent-de-Paul, association laïque vouée à la charité, mais qui réunit en fait un grand nombre de légitimistes, se lance dans l'agitation cléricale. Par l'intermédiaire du ministre de l'Intérieur, Persigny, et de son collègue de l'Instruction publique et des Cultes, Rouland, le gouvernement réagit violemment. Les lois sur les congrégations sont sévèrement appliquées et le développement des ordres religieux est entravé. La Société Saint-Vincent-de-Paul est épurée de ses membres les plus hostiles. Un grand nombre de ses conférences sont dissoutes. *L'Univers* est supprimé.

Le traité de commerce de 1860

La politique italienne de l'empereur exaspère les catholiques. Napoléon III va aussi s'aliéner une grande partie des milieux économiques avec le traité de commerce franco-anglais. Dans cette affaire, il cède une nouvelle fois à son penchant pour la diplomatie secrète et pour les coups de théâtre. Comme les saint-simoniens et en particulier Michel Chevalier, professeur au Collège de France et conseiller d'État, il voit dans le libre-échange de multiples avantages dont découleront la prospérité économique et le bonheur de l'humanité. La liberté commerciale alimentera la croissance ferroviaire, ce que le charbon français et l'industrie nationale sont encore incapables de faire. La concurrence stimulera les patrons en les forçant à perfectionner et à accroître leur production, mais aussi à abaisser leurs prix. De ce fait, les classes laborieuses trouveront des produits moins chers et de meilleure qualité. Elles auront moins l'idée de revendiquer d'autres libertés. Le libre-échange permettra également de pacifier les relations entre nations et de rapprocher la France de l'Angleterre, pays acquis à cette politique depuis 1846. Les agriculteurs, les négociants et les grands ports y sont favorables. En revanche, la plupart des industriels, en particulier les métallurgistes et les filateurs, lui sont hostiles. Selon *Le Moniteur industriel* qui défend leurs intérêts, les entreprises nationales qui ne seront plus protégées comme elles l'ont toujours été ne pourront pas résister à la concurrence britannique. Néanmoins, l'Exposition universelle de 1855, en montrant les réussites brillantes de l'industrie française, a fourni des arguments aux partisans du libre-échange. L'année suivante, un projet de loi visant à libéraliser le régime douanier a été déposé au Corps législatif, mais les nombreux industriels qui siègent au Palais-Bourbon ont réussi à le faire retirer, comme ils avaient déjà obtenu l'abandon d'un projet voisin à l'automne 1853. Les esprits ne sont pas prêts. Napoléon III comprend donc qu'il lui faudra procéder par voie d'autorité. Le sénatus-consulte du 25 décembre 1852 lui donne d'ailleurs le droit de conclure des traités de commerce sans saisir le Corps législatif. Pour éviter une levée de boucliers qui ferait échouer les négociations, le souverain décide aussi d'entourer ses projets du plus grand secret.

L'initiative décisive vient cependant de Chevalier. Sans s'être concerté avec l'empereur, il traverse la Manche, en octobre 1859, et s'entretient avec les principaux décideurs économiques britanniques, en particulier avec le chancelier de l'Échiquier, Gladstone. Il leur fait admettre sans peine le principe d'un traité commercial avec l'Empire, puis ramène en France Cobden, l'apôtre infatigable du libre-échange et lui obtient une entrevue avec Napoléon III. Après avoir rappelé à son interlocuteur impérial tous les avantages d'une libéralisation du commerce, Cobden parvient à vaincre ses dernières hésitations en lui citant la phrase gravée sur le pied d'une statue du ministre anglais, Robert Peel : « Il améliora le sort des classes laborieuses et souffrantes par l'abaissement du prix des denrées de première nécessité ». Napoléon III est touché au point sensible : « De toutes les récompenses, c'est celle que j'envierais le plus » (A. Dansette, [95]). Dès lors, tout va très vite. Les négociations sont menées du côté français par Rouher, ministre de l'Agriculture, du Commerce et des Travaux publics. Pour ne pas éveiller les soupçons, il se déguise et demande à son épouse de copier elle-même tous les documents de travail. Malgré ces précautions, une indiscrétion se produit du côté anglais. Alors que les pourparlers ne sont pas terminés, Napoléon III décide de précipiter l'annonce de la nouvelle par une lettre publiée dans *Le Moniteur Universel* du 15 janvier 1860. Il espère que le respect dû à son autorité fera taire les critiques. De fait, les chefs du courant protectionniste sont embarrassés et préfèrent garder le silence car ils sont liés de près au régime (Mimerel est sénateur et Schneider, vice-président du Corps législatif). Par ailleurs, la majorité des chambres de commerce, les banquiers, les armateurs, les soyeux de Lyon ou encore les viticulteurs font connaître leur satisfaction. En revanche, les sidérurgistes et les industriels du textile sont très mécontents. Comme l'empereur refuse de recevoir les représentants de 400 d'entre eux qui ont fait le déplacement de Paris, ils commencent à organiser un pétitionnement parmi leurs ouvriers.

Le traité de commerce franco-anglais est malgré tout signé le 23 janvier 1860. Valable dix ans et renouvelable, il exempte de taxes à l'entrée en France la plupart des matières premières et des denrées alimentaires britanniques et n'établit sur le charbon et les produits manufacturés que des droits *ad valorem* de 30 % qui seront ramenés à 25 % après 5 ans. En contrepartie, le

Royaume-Uni abaisse les droits perçus sur les vins et les alcools et laisse entrer en franchise un grand nombre de produits finis (essentiellement des articles de mode et de luxe). S'il s'agit donc d'une atténuation du protectionnisme traditionnel et non de l'instauration du libre-échange, le traité constitue une véritable révolution. La colère d'une partie du patronat ne retombe donc pas. Malgré l'organisation d'une vaste consultation pour examiner les cas difficiles et le soutien financier promis aux secteurs les moins concurrentiels, la mobilisation contre le traité prend d'importantes proportions, en particulier en Normandie et dans le Nord. En outre, de nombreux députés de la majorité, mécontents de ne pas avoir été consultés, ne se gênent pas pour qualifier l'initiative impériale de « coup d'État douanier ». Ils élisent le filateur normand Pouyer-Quertier, rapporteur du projet de suppression des droits d'entrée sur les laines et cotons. Son rapport, qui est un véritable manifeste du parti protectionniste, est vivement applaudi. Si le projet finit par passer largement, le réveil de l'esprit de contrôle de la Chambre est net. L'alliance possible entre les cléricaux et les protectionnistes au sein même des soutiens traditionnels de l'Empire est lourde de menaces. Les succès de politique mondiale de Napoléon III détournent opportunément mais très provisoirement l'attention.

L'expansion coloniale et les expéditions lointaines

Avant 1852, la France n'a pas une politique coloniale très active et possède peu de terres outre-mer. Seule puissance avec l'Angleterre à avoir les moyens matériels et humains d'intervenir dans toutes les parties du monde, elle se lance sous le Second Empire dans une expansion qui lui permet de faire flotter son drapeau sur tous les continents et de tripler, en moins de vingt ans, son domaine colonial. En 1870, celui-ci dépassera le million de kilomètres carrés. Des considérations politiques, religieuses et économiques expliquent ce changement. Dans l'esprit de Napoléon III, les colonies doivent servir à rehausser le prestige du pays et de sa dynastie, à satisfaire l'amour-propre des Français, à protéger les missionnaires et à se concilier les catholiques, à favoriser les intérêts des milieux d'affaires et à contribuer à l'enrichissement de la métropole. Malgré le sénatus-consulte du 3 mai 1854 qui instaure, entre autres, un Comité consultatif des colonies, il est impossible de voir dans cette politique qui répond aux impératifs du moment, un programme décidé d'emblée, cohérent et soutenu (J. Martin, [234] et D. Bouche, [225]). En témoigne le rôle primordial des initiatives individuelles de quelques fortes personnalités comme Faidherbe, La Grandière ou Chasseloup-Laubat. Ce dernier est d'ailleurs le seul avec les saint-simoniens à avoir une vision d'ensemble et même une véritable doctrine (il croit en la mission civilisatrice de la France, annonçant en cela les grands discours de Ferry des années 1880) et l'applique en tant que ministre de l'Algérie et des Colonies de 1858 à 1860 puis comme ministre de la Marine et des Colonies jusqu'en 1867 (A. Duchêne, [257]). Mais tous ne peuvent rien sans l'appui de Napoléon III. C'est lui qui décide la loi de programmation de novembre 1857 permettant de doter enfin la France d'une marine de guerre digne de ce nom (M. Battesti, [222]). Après la signature du traité franco-anglais, c'est également lui qui, sur le conseil de Chevalier, autorise l'abolition du système de l'exclusif. Initiateur ou non, il n'hésite pas à aller de l'avant dans ce domaine comme dans tant d'autres.

Au début de l'Empire, l'Algérie n'est que très incomplètement pacifiée. De 1853 à 1857, le général Randon soumet les oasis des confins sahariens ainsi que la Grande Kabylie. La conquête est désormais effective et Napoléon III se rend sur place en 1860. Désormais, il va manifester un intérêt profond pour les affaires algériennes et cela jusqu'à la fin de son règne.

L'Empereur sur la place du Gouvernement à Alger,
le 3 mai 1865. (Archives Hachette - L.G.F.)

Le gouvernement pousse à la colonisation. Les céréales s'étendent. La vigne est introduite. De grands travaux publics sont entrepris. Encouragé par un saint-simonien converti à l'Islam, Ismaël Urbain, Napoléon III rêve d'associer sur un pied d'égalité les deux populations, les 200 000 colons européens dont plus de la moitié sont français et les trois millions d'Arabes musulmans. Après avoir rendu les tribus « propriétaires incommutables de leurs terres », il accorde, en 1865, « le libre choix de la citoyenneté française aux Algériens, tout en leur assurant sans condition les droits civils des Français ». Il s'agit peut-être là de la mesure « la plus libérale de notre législation coloniale » (C.-R. Ageron, [220]). Au cours d'un second séjour en mai-juin 1865, Napoléon III expose devant les chefs arabes son désir de constituer un royaume arabe associé à l'Empire. Mais ce projet, très en avance sur l'époque, échoue devant la triple opposition des militaires, de l'administration et surtout des colons pour lesquels il ne s'agit que d'une « rêverie de saint-simonien attardé » (A. Rey-Goldzeigner, [237]).

Plus au sud, les bases de la future Afrique occidentale française viennent d'être jetées. En 1852, le Sénégal est un établissement qui végète autour du port de Saint-Louis. À partir de 1854, sous l'impulsion d'un jeune et dynamique gouverneur, Faidherbe, la domination française s'étend vers l'intérieur au détriment des Maures et des Toucouleurs. Une administration qui s'appuie sur les chefs traditionnels est organisée. Des écoles sont créées. La culture et le commerce de la gomme et de l'arachide se développent. Un nouveau port est construit à Dakar. À l'autre extrémité de l'Afrique, l'Empire est aussi partie prenante dans le projet d'un canal reliant la Méditerranée à la mer Rouge. Pendant son expédition d'Égypte, Bonaparte avait songé à rouvrir la voie d'eau percée par les derniers pharaons et abandonnée depuis mille cinq cents ans. Rappelé à Paris par son destin, il avait dû y renoncer. C'est Ferdinand de Lesseps, ancien consul de France au Caire, qui va donner vie au projet à force de courage et de persévérance (G. de Diesbach, [256]). Grâce à son ami, Mohamed Saïd, devenu vice-roi d'Égypte en 1854, il obtient « le pouvoir exclusif de constituer et de diriger une compagnie universelle pour le percement de l'isthme de Suez et l'exploitation d'un canal entre les deux mers ». Cependant, les difficultés surgissent aussitôt. Encouragé par des Anglais inquiets de voir les Français menacer la route des Indes, le suzerain du pays, le sultan ottoman, refuse tout d'abord de donner son accord. Par la suite, la souscription publique lancée à travers l'Europe pour réunir des fonds est un échec. En 1863, Mohamed Saïd meurt et son successeur tente de spolier Lesseps. Surgissent ensuite des problèmes techniques (ensablement de la tranchée), humains (obligation de remplacer les fellahs par des ouvriers européens, main-d'œuvre décimée par le typhus et le choléra) et financiers (surcoût qui place Lesseps au bord de la faillite en 1868). À chaque fois, Napoléon III est là pour sauver la Compagnie (pressions, médiation, autorisation d'emprunt). En novembre 1869 enfin, l'impératrice Eugénie, cousine de Lesseps, inaugure les 161 kilomètres du canal de Suez. De ce fait, la France accroît sensiblement son influence au Levant. En 1860, elle est déjà intervenue militairement au Liban pour protéger les chrétiens que les musulmans massacraient et, en 1862, elle a acheté Obock, au débouché de la mer Rouge.

C'est également le désir de satisfaire les milieux d'affaires et les catholiques qui pousse l'Empire à intervenir en Extrême-Orient depuis quelques années. En Chine où des missionnaires ont été massacrés, des navires saisis et des factoreries brûlées, Anglais et Français envoient un corps expéditionnaire en 1857. Sous la conduite du général Cousin-Montauban, les Français marchent sur Pékin. Après avoir dispersé près de 40 000 Chinois armés d'arcs et de vieux fusils à mèches, en septembre 1860, à Palikao, ils pillent et incendient le Palais d'Été puis entrent dans la capitale, le 13 octobre. Les Chinois sont contraints de verser une lourde indemnité de guerre, d'ouvrir de nouveaux ports aux Européens, de garantir l'immunité aux ressortissants anglais et français, la liberté du commerce et le libre exercice du christianisme. Si les Anglais, mieux implantés dans l'Empire du Milieu, profitent davantage de ces concessions que les Français, ces derniers s'installent durablement dans la péninsule indochinoise. Intervenus contre l'empereur d'Annam, lui aussi très hostile aux chrétiens, ils s'implantent en Cochinchine orientale. L'amiral de La Grandière qui y est nommé gouverneur établit un protectorat sur le Cambodge en 1863 puis fait occuper la Cochinchine occidentale en 1867. En 1866-1868, l'expédition de Doudart de Lagrée et de Francis Garnier le long du Mékong permet d'étendre l'influence française sur les petits royaumes du Laos (J. Martin, [234]). En outre, la France conquiert la Nouvelle-Calédonie et fait progresser ses intérêts à Madagascar.

Mais, pour reprendre une expression de Rouher, la « plus grande pensée du règne » est ailleurs. Depuis son indépendance, en 1821, le Mexique n'est pas arrivé à trouver la stabilité. Déchiré par une guerre civile, il ne peut plus honorer ses dettes. En octobre 1861, la France, l'Angleterre et l'Espagne décident une expédition militaire conjointe pour protéger les intérêts de leurs ressortissants. Dans cette affaire, les motifs d'intervention plus ou moins avouables ne manquent pas. Divisé entre Indiens, métis et blancs ainsi qu'entre libéraux anticléricaux et conservateurs catholiques, le Mexique est peu peuplé (à peine 8,5 millions d'habitants) et n'existe pas en tant que nation. En revanche, il a la réputation d'être un véritable Eldorado (mines non exploitées, vastes étendues cultivables...). Il apparaît donc comme une proie facile et tentante. Intéressé à la créance du banquier suisse Jecker, Morny, dont l'influence est alors très grande, a poussé à l'expédition. De son côté, Napoléon III y trouve une occasion d'échafauder un projet grandiose. Il souhaiterait faire du Mexique une monarchie latine et catholique, cliente de la France et qui contrebalancerait la puissante et arrogante République des États-Unis, protestante et anglo-saxonne. Depuis 1819, celle-ci s'étend dangereusement vers le sud, mais elle est, pour l'heure, affaiblie par la guerre de Sécession. Il s'agit donc d'en profiter. Reçus aux Tuileries, les conservateurs mexicains dénoncent l'intention de leurs adversaires libéraux de saisir tous les biens de l'Église et réclament également l'instauration d'une monarchie catholique dans leur pays. On songe à l'archiduc autrichien Maximilien, frère de l'empereur François-Joseph. Cette solution satisfait Napoléon III puisqu'elle lui permettrait de se réconcilier aussi bien avec Vienne qu'avec les catholiques (J.-F. Lecaillon, [232]).

Très rapidement, les Français, qui ont débarqué à Veracruz en janvier 1862, restent seuls, car ni les Espagnols, ni les Anglais n'entendent se battre pour permettre à Maximilien de monter sur le trône. Fort à l'origine de seulement 3 000 hommes, le corps expéditionnaire français reçoit bientôt 4 500 soldats supplémentaires et se dirige vers Mexico, mais il ne parvient pas à prendre Puebla et doit rebrousser chemin. Cette reculade fait sensation en Europe. Néanmoins, l'année suivante, l'armée qui comprend maintenant 28 000 hommes réussit à investir Puebla au terme d'une bataille de rues de deux mois et entre à Mexico, début juin 1863. Les conservateurs qui succèdent au pouvoir aux libéraux de Juarez établissent l'empire au profit de Maximilien. À la demande de Napoléon III, Bazaine, le commandant en chef des forces françaises, organise un plébiscite pour ratifier ce choix. La consultation, fort peu démocratique, apporte les résultats attendus. Influencé par son ambitieuse épouse Charlotte, fille du roi des Belges, Maximilien accepte la couronne. Sans rien connaître de l'état de son futur Empire, il s'engage à rembourser tous les frais de l'expédition et les créances françaises. Au moment où il arrive à Mexico, en juin 1864, de nombreuses voix (le général Lorencez, des députés de la majorité comme de l'opposition...) se sont déjà élevées pour dénoncer l'entreprise. Au total, l'expédition du Mexique, comme plus largement la politique mondiale de l'Empire, suscitent le mécontentement des peuples concernés, l'inquiétude des grandes puissances européennes et l'incompréhension des Français. Elle ne procure pas non plus de réelles satisfactions aux milieux auxquels elle est censée s'adresser.

Les premières mesures de libéralisation et le réveil de la vie politique

Au lendemain de la victoire dans la guerre d'Italie, à la mi-août 1859, Napoléon III amnistie tous les proscrits sans condition. Si certains irréductibles refusent de rentrer en France au nom de la légalité violée (Quinet, Schœlcher, Hugo...), la mesure éclaircit les rangs des exilés. Elle vise certes à montrer la force et la magnanimité du régime, mais elle a également pour but de lui assurer de nouveaux appuis alors que l'opposition relève la tête. Nombre de catholiques se tournent vers le légitimisme. L'orléanisme séduit, quant à lui, la partie des milieux d'affaires qu'inquiète la politique économique de l'empereur. Il est en plein renouveau et ne se cantonne plus aux salons (ceux des de Broglie, du comte d'Haussonville, de Thiers) ou aux discussions feutrées de l'Institut. De jeunes penseurs en rajeunissent l'idée dans des articles de la *Revue des Deux Mondes* ou du *Journal des Débats*. L'un d'eux, Prévost-Paradol, publie en 1860 une brochure retentissante, *Les Anciens Partis,* dans laquelle il en appelle à l'union de toutes les oppositions libérales contre le parti de la démagogie, celui de l'Empire. De son côté, la pensée républicaine connaît également un renouveau sous l'influence du positivisme de gauche et de Littré. *La Liberté* de Jules Simon en 1857 et *La Démocratie* d'Étienne Vacherot en 1859 rompent avec l'idéalisme romantique des vieilles barbes quarante-huitardes. Éprise d'efficacité et de pragmatisme, la nouvelle génération républicaine se tourne délibérément vers les masses et prône, elle aussi, l'union libérale. Au Corps législatif, l'opposition déclarée se limite à cinq députés républicains (les avocats Ollivier, Picard et Jules Favre, le docteur Hénon et le publiciste Darimon), mais le mécontentement des cléricaux et des protectionnistes ainsi que l'émancipation d'un certain nombre de membres de la majorité, choqués par les abus de pouvoir, entraînent une alliance de circonstances qui se manifeste au cours de la session de 1860. C'est ainsi que l'élection douteuse d'un candidat officiel n'est validée que de justesse. Convaincu que le renforcement du courant libéral est inéluctable et que, pour durer, l'Empire doit se placer à la tête du mouvement et non le subir, le président du Corps législatif, Morny, encourage son demi-frère à adopter sans tarder des réformes. Il lui rappelle que, dès 1853, il a promis de couronner l'édifice par la liberté lorsque le temps l'aurait consolidé. En outre, il paraît difficile de refuser à son pays ce que l'on vient d'accorder à l'Italie. L'empereur est certainement sensible à ces arguments (L. Girard, [263]), mais il agit de sa propre initiative (W. Smith, [281]). Malgré l'hostilité de la plupart des ministres, il fait publier au *Moniteur* du 24 novembre 1860 un décret qui donne « aux grands corps de l'État une participation plus directe au gouvernement ». Chaque année, à l'ouverture de la session, le Sénat et le Corps législatif pourront débattre d'une adresse en réponse au discours du trône. Le droit d'amendement sera élargi. Des ministres sans portefeuille viendront expliquer et défendre la politique du gouvernement devant les

Chambres. L'importance des hommes choisis pour exercer ces fonctions (Baroche, Magne et Billault) indique bien la place que les débats parlementaires vont de nouveau prendre dans la vie du pays. Les journaux ne pourront toujours pas commenter les séances, mais ils auront désormais le droit d'en reproduire le compte rendu intégral et non pas de simples résumés. On est certes encore loin du régime parlementaire, mais la réforme est capitale puisqu'elle autorise le Corps législatif à juger la politique gouvernementale et qu'elle livre ce jugement à l'opinion publique. Contrairement à l'esprit originel du régime, les ministres et, plus encore, les députés prennent de l'importance au détriment des sénateurs et surtout des conseillers d'État (A. Plessis, [20] et V. Wright, [83]). Rencontrant Morny, Ollivier lui déclare : « Si c'est une fin, vous êtes perdus ; si c'est un commencement, vous êtes fondés ». Cependant, le député républicain est un isolé. Pour les opposants irréductibles, le décret est un moyen de renverser plus vite l'Empire. Il suscite la colère des bonapartistes intransigeants qui parlent de « l'attentat du 24 novembre ». Quant à ceux qu'il était censé séduire, ils n'y voient qu'un moyen utilisé par l'empereur pour détourner l'attention et essayer de les duper.

Dès le premier débat de l'adresse, en 1861, les cléricaux lancent d'ailleurs l'offensive. Au Sénat, plusieurs condamnent les spoliations successives dont le Saint-Siège a été la victime. Au Corps législatif, le 13 mars, Keller somme le gouvernement de dévoiler ses vraies intentions : « Êtes-vous révolutionnaires ? Êtes-vous conservateurs ? ». Il est vivement applaudi. Lui et ses amis déposent un amendement réclamant que l'on retranche de l'adresse quelques mots jugés offensants pour le pape. Leur texte recueille 91 voix. Aux récriminations des cléricaux, s'ajoutent celles des protectionnistes et du « groupe des cinq ». Comme Fould lui-même évoque l'inquiétude des milieux financiers devant les soubresauts de la politique impériale et les dépenses gouvernementales, Napoléon III se décide à lâcher du lest face aux libéraux politiques et aux partisans de l'orthodoxie financière. Après avoir nommé Fould ministre des Finances, en novembre 1861, il le charge de préparer une réforme. Sans abolir la pratique des virements, le sénatus-consulte du 31 décembre suivant autorise le vote du budget par sections et impose l'accord des députés pour l'ouverture de crédits supplémentaires ou extraordinaires. En refusant de voter une dotation à Cousin-Montauban, devenu sénateur et comte de Palikao par la grâce de l'empereur, le Corps législatif continue néanmoins de fronder. Mais c'est désormais un véritable vent de liberté qui souffle sur l'Empire, comme l'attestent les railleries de la presse [198], les velléités d'émancipation de la franc-maçonnerie à l'égard du pouvoir (P. Chevallier, [180]) ou encore la vérification scrupuleuse par le Conseil d'État des plaintes à l'égard des abus administratifs (V. Wright, [83]). Devenu duc, Morny a beau annoncer l'alliance de plus en plus étroite entre la dynastie et la liberté et clore la législature en félicitant ses collègues : « Nos discussions ont plus affermi la sécurité que ne l'eût fait un silence trompeur », le divorce entre le régime et une grande partie des élites semble consommé, à la veille des élections législatives de 1863.

Le ministre de l'Intérieur, Persigny, décide de ne négliger aucun moyen pour gagner ces dernières. Pratiquant une « géographie électorale active et dynamique », il modifie un grand nombre de circonscriptions (R. Rémond, [72]). Trente-neuf députés sortants perdent le patronage gouvernemental, la plupart d'entre eux pour avoir critiqué la politique de l'empereur. L'administration reçoit des consignes pour appuyer de tout son poids les candidats officiels. De son côté, l'opposition est mieux organisée. L'Union libérale réclamée depuis quelques années voit enfin le jour et réunit les libéraux de toutes les tendances (Berryer, Thiers,

Favre...). Chez les républicains, Garnier-Pagès entreprend une grande tournée provinciale pour stimuler les ardeurs. De jeunes juristes rédigent un manuel électoral pour que les candidats du parti puissent se défendre contre les abus de la candidature officielle. Les élections des 31 mai et 1er juin renforcent l'opposition. Si les gouvernementaux obtiennent autant de voix qu'en 1857, les opposants triplent les leurs, grâce à la chute du taux d'abstention à 27 %. Sur 281 sièges à pourvoir, les adversaires déclarés du régime en emportent 33. Si les cléricaux subissent un revers important et que les principaux chefs de l'Union libérale sont battus, deux ténors font néanmoins leur réapparition à la Chambre, le légitimiste Berryer et l'orléaniste Thiers. Quant au parti républicain, il sort du scrutin considérablement renforcé. Alors que les campagnes restent fidèles au régime, les grandes villes votent désormais massivement en sa faveur. À Paris, les neuf sièges reviennent ainsi à la liste républicaine et Thiers ne doit son élection qu'à sa présence sur cette liste.

L'empereur tire les conclusions de ce demi-échec. Persigny doit quitter le gouvernement et n'y reparaîtra plus. Par ailleurs, les trois ministres sans portefeuille sont remplacés par un ministre à part entière, aux attributions élargies : le ministre d'État. Après Billault, mort avant d'avoir pu exercer la fonction, le choix de l'empereur se porte sur l'autoritaire Rouher qui, pendant six années, réussira pleinement dans son rôle de ministre principal, au point que les mauvaises langues parleront de « rouhernement » pour qualifier la période. Morny avance néanmoins l'idée d'un grand ministère libéral de fusion où entreraient les hommes de bonne volonté de toutes les tendances. Il approche Ollivier que le discours de Keller a épouvanté et qui a offert son soutien conditionnel à l'empereur. Il se réjouit ouvertement du retour des « anciennes illustrations parlementaires », en s'adressant à Berryer et à Thiers. Ce dernier fait d'ailleurs sa grande rentrée politique par un discours d'ouverture, le 11 janvier 1864. Il est possible, selon lui, de soutenir le régime, s'il accorde cinq « libertés nécessaires » : liberté individuelle avec l'abrogation de la loi de sûreté générale, liberté de la presse par la suppression du système des avertissements, liberté électorale avec la fin des abus de la candidature officielle, liberté de la représentation nationale par le rétablissement du droit d'interpellation, liberté de la majorité avec le retour de la responsabilité ministérielle. Thiers donne là son programme à un tiers parti qui émerge entre les bonapartistes purs, hostiles à tout changement, et les opposants intransigeants qui réclament toutes les libertés. Pour ne pas en froisser davantage la fraction catholique, Napoléon III multiplie les gestes. En 1862, il a fait arrêter, à l'Aspromonte, Garibaldi qui tentait un coup de main contre Rome. L'année suivante, il a entrepris plusieurs démarches en faveur de la Pologne catholique révoltée contre les Russes, tout en se gardant cependant d'intervenir militairement (W. Smith, [1]). Voilà qu'il obtient maintenant la convention du 15 septembre 1864 par laquelle le gouvernement italien s'engage à respecter le territoire pontifical et renonce à faire de Rome sa capitale au profit de Florence. Il ne manifeste pas la même sollicitude à l'égard des républicains. Accusés d'avoir enfreint la législation sur les associations, les principaux membres du comité électoral du parti sont poursuivis en justice. Si ce « procès des Treize » se conclut par des condamnations légères, il recueille un grand écho et est perçu comme un « sursaut d'autoritarisme » (R. Huard, [57]). Le régime se le permet car il croit enfin être parvenu à séparer les ouvriers de la cause républicaine.

La loi de 1864 sur les coalitions

Dans les premières années du Second Empire, les ouvriers ont de nombreux motifs de frustration alors qu'ils sont pourtant des éléments déterminants de la croissance industrielle du pays. La hausse de leurs salaires est moins rapide que celle de leurs loyers. En cas de conflit avec eux, leur employeur est « cru sur son affirmation », en vertu de l'article 1781 du *Code civil*. Or, les lois limitant la durée du travail sont mal appliquées. Même s'ils parviennent à apporter la preuve de leur bonne foi devant les tribunaux, les ouvriers sont fréquemment déboutés. À l'exception des modestes sociétés de secours mutuels, ils n'ont pas d'institutions propres, pas de syndicats. Les articles 414 à 416 du *Code pénal* leur interdisent de se coaliser, autrement dit de faire grève. Ils n'ont aucun recours en cas de chômage, d'accident du travail ou de maladie. En outre, ils se plaignent de ne pas être représentés au sein du Corps législatif, puisque celui-ci se compose uniquement de nobles et de bourgeois.

Au début des années 1860, un mouvement, dont le porte-parole est l'ouvrier bronzier Tolain, se forme au sein des classes laborieuses. Fortement inspiré par Proudhon et par son mutuellisme, son programme comporte uniquement des revendications à caractère professionnel. Il revient aux masses de le réaliser elles-mêmes en se défiant des forces politiques, y compris du parti républicain dont tous les chefs sont des bourgeois. Tel sera l'esprit des premières candidatures ouvrières lors des élections de 1863 et du « Manifeste des Soixante » de février 1864. Cette séparation du politique et du social est une chance pour le régime. Sous l'influence des bonapartistes de gauche, nombreux dans l'entourage du prince Napoléon au Palais-Royal, une délégation d'ouvriers français est envoyée à l'Exposition universelle de Londres, à la mi-1862. Elle entre en contact avec un prolétariat anglais qui bénéficie du droit de coalition depuis près de quarante ans et qui a pu obtenir certaines réformes grâce à sa bonne organisation. À son retour, elle rédige des rapports pour réclamer les mêmes droits. Des grèves illégales éclatent d'ailleurs régulièrement. On en relève ainsi en moyenne sept par an dans la région lyonnaise et six dans le Nord (Y. Lequin, [152] et B. Ménager, [66]). Encombrés par les procès qu'elles occasionnent, les tribunaux se montrent tantôt indulgents, tantôt sévères. Après la grâce accordée par Napoléon III aux meneurs de la grève des typographes, en novembre 1862, la clémence devient quasiment systématique. Au Corps législatif, Darimon démontre aisément que la législation n'est donc plus adaptée.

Considérant le profit politique qu'il peut en tirer et ému du sort des ouvriers, le souverain se laisse convaincre par Morny de la nécessité de réformer le droit de coalition. En ouvrant la session législative de 1864, il annonce le dépôt imminent d'un projet de loi sur la question, mais c'est un texte un peu flou que remettent bientôt des conseillers d'État réticents. Grâce à l'influence du président du Corps législatif, Ollivier est nommé membre de la commission d'examen puis rapporteur du projet. Il amende celui-ci dans un sens très libéral. Toutes les coalitions seront acceptées, à moins qu'elles ne donnent lieu à des violences, des menaces ou des manœuvres frauduleuses qui entraîneraient des atteintes à la liberté du travail. Le projet est adopté en première lecture par 221 voix contre 36, malgré la double opposition d'un patronat bien représenté au Corps législatif et des républicains, en particulier de Jules Favre et de Jules Simon. Ils n'y voient qu'un piège qui feint de donner ce qu'au fond il refuse, puisqu'il n'accorde ni le droit de réunion, ni celui d'association. Au Sénat, le texte passe par 64 voix contre 13. La loi du 25 mai 1864 accorde aux ouvriers ce que tous les régimes, y compris les plus libéraux d'entre eux, leur avaient toujours refusé depuis 1791. Tout en s'inclinant devant la volonté impériale, la majorité des Assemblées désapprouve une concession qu'elle juge inutile. Ollivier et Darimon paient leur courage politique et leur sens du compromis au prix fort. Ils passent désormais pour des traîtres aux yeux de leurs anciens amis (J. Albertini, [283]). Quant aux proudhoniens, ils jugent la réforme insuffisante. Ils manifestent leur insatisfaction en fondant, avec leurs amis anglais, l'Association Internationale des Travailleurs. Cette Première Internationale ouvrière qui matérialise l'éveil d'une conscience de classe est tolérée par l'Empire (J. Rougerie, [27]). Cependant, Morny, qui était malade depuis quelques mois, s'éteint le 10 mars 1865. Il est à craindre que les somptueuses funérailles du principal promoteur de la libéralisation du régime ne soient aussi celles de la politique d'ouverture.

V

LES TRANSFORMATIONS ÉCONOMIQUES
DU SECOND EMPIRE

Une conjoncture favorable pour une politique originale

Comme en politique, il existe indéniablement « une hypothèque de 1852 » dans le domaine économique (Louis Girard, [263]). L'Assemblée comprime les dépenses de l'État en raison de l'incertitude qui pèse sur la France. Avec la réduction du crédit, les grands projets sont arrêtés. En l'absence de commandes suffisantes, des secteurs comme les mines, la métallurgie ou le bâtiment, traversent un profond marasme. Le 25 novembre 1851, le président a beau jeu de dénoncer devant les industriels français, « les manœuvres des anciens partis » qui empêchent « tout progrès, tout développement industriel sérieux ». Il est très applaudi lorsqu'il sous-entend qu'un pouvoir fort permettrait la reprise des affaires en rétablissant la confiance et en donnant une orientation claire à l'économie. Pourtant, plusieurs historiens soulignent que les signes de cette dernière sont déjà nombreux ([105] et Philippe Vigier, [173]). Si le niveau très bas des prix agricoles ruine de nombreux paysans et que les propriétaires connaissent des heures sombres, la situation du commerce et de l'industrie apparaît, en fait, beaucoup plus contrastée. Le textile, la papeterie ou les industries alimentaires retrouvent un certain dynamisme. Le volume d'activité de la foire de Beaucaire ou du port de Bordeaux recommence à être important. Même si la France est surtout habituée à l'argent, elle profite d'un afflux d'or en provenance des nouvelles mines californiennes et australiennes. Ainsi, la conjoncture redevient favorable, mais les effets ne s'en font pas encore sentir dans tous les secteurs. Pour le président, il y a une opportunité à saisir. Le coup d'État a donc aussi des finalités économiques.

Dès sa jeunesse, Louis-Napoléon Bonaparte s'est intéressé aux questions économiques. Il a beaucoup écrit sur le sujet et a conçu un programme aussi ambitieux qu'original. Le 2-Décembre lui donne enfin la possibilité de le réaliser. Comme il l'annonce dans son discours de Bordeaux du 9 octobre 1852, il entend faire de l'économie, pour la première fois dans l'histoire nationale, une priorité absolue. Fortement influencé par la pensée saint-simonienne, même s'il ne le revendique pas ouvertement, il voit dans la prospérité économique le moyen d'assurer le bonheur des masses et de pacifier les relations entre les peuples. En outre, l'ordre social et politique en sera garanti et le prestige de la France conforté. Or, l'agriculture demeure routinière. L'artisanat continue d'assurer la majeure partie de la production industrielle. Les transports comme le commerce sont peu développés. Le système de crédit est déficient et le réseau bancaire est incapable de drainer l'épargne (Rondo Cameron, [92]). C'est à tout cela qu'il s'agit de remédier rapidement. Le caractère impératif du discours de Bordeaux (« Nous avons à faire », « il faut »...) montre que le président ne considère pas le libéralisme économique, alors en vigueur, comme un dogme. Sans revenir à des formes d'interventionnisme qui rappellent des régimes honnis, comme l'absolutisme d'Ancien Régime ou la Terreur, l'État doit animer la vie économique et ne pas se contenter d'un rôle de gendarme ou d'arbitre. Il lui faut assurer son emprise sur certains secteurs stratégiques, comme les télégraphes, et donner son impulsion à d'autres, jugés décisifs pour l'expansion (la banque, les chemins de fer), en garantissant par exemple l'intérêt des titres des compagnies. Il lui revient de moderniser les villes et d'équiper les campagnes. Il lui faut supprimer les entraves aux initiatives privées et les règlements tatillons et encourager les concentrations, mais aussi freiner les excès du capitalisme comme dans les charbonnages. Dans l'esprit du président, l'État est dans l'obligation de se tenir à l'écoute des besoins du pays et des acteurs économiques, d'honorer et de faire connaître les réalisations importantes ainsi que d'en favoriser la diffusion. Cela explique les grandes enquêtes lancées tout au long du régime, les remises de décorations aux savants, aux industriels ou aux négociants et l'organisation des Expositions universelles de 1855 et de 1867. Ce volontarisme nécessite des moyens, mais le prince ne s'en inquiète guère. Il croit en la théorie des dépenses productives qu'il a jadis développée dans son *Extinction du paupérisme* : les dépenses d'investissement entraînent le développement et donc accroissent les revenus, ce qui permet de rembourser facilement la dette. Pour mettre en pratique ces idées et financer les guerres, il ne peut être question de créer de nouveaux impôts car la mesure serait trop impopulaire. En outre, le système fiscal en place (quatre vieilles contributions directes, taxe sur les boissons, droits d'enregistrement...) avantage un profit industriel qu'il s'agit justement d'encourager. L'État inaugure donc une politique de grands emprunts, y recourt de plus en plus massivement et avec un succès croissant (l'emprunt de 250 millions en 1854 est souscrit par près de 100 000 personnes et rapporte 470 millions, celui de 450 millions en 1868 permet à plus de 800 000 prêteurs de proposer 15 milliards). En dépit du gonflement des dépenses (moindres qu'on a prétendu et qui ne représentent encore que le dixième du produit physique de l'économie) et de l'augmentation de la dette publique (elle passe de 5,5 milliards en 1852 à 11,6 en 1869), le crédit de l'État n'est donc pas entamé. Le succès des emprunts en montre « la solidité et l'étendue » (Adrien Dansette, [95]).

Pour appliquer cette politique, la France peut compter sur de remarquables savants dont la place est en train de s'affirmer dans une société qui a foi dans le progrès et dans la science. Sous le Second Empire, Pasteur accède à la notoriété. En travaillant sur la fermentation, il découvre les microbes, prouve leur rôle dans la propagation des maladies infectieuses et insiste sur la nécessité de vacciner en grand les populations. C'est aussi à cette époque que la chimie organique prend son premier essor grâce à Berthelot. Si les moyens financiers demeurent souvent limités et que le savoir abstrait reste démesurément valorisé par rapport à la technique, la recherche française dispose de nombreux atouts. La place des sciences exactes se renforce dans l'Université. Les relations entre savants et ingénieurs deviennent plus étroites. Les implications économiques des découvertes sont aussi davantage recherchées. Sainte-Claire-Deville isole l'aluminium dont l'utilisation industrielle devient possible dès 1855. Cailletet liquéfie les gaz et ouvre la voie à la technique du froid industriel. Des recherches, lancées à l'instigation de Napoléon III pour améliorer l'alimentation populaire et accroître la production de matières grasses, aboutissent à l'invention de la margarine. Mais, selon le banquier James de Rothschild, l'esprit d'entreprise caractérise également l'époque, ce que les travaux de Rondo Cameron confirment pour la décennie 1850 [92]. En outre, plus que tous ses prédécesseurs, le chef de l'État sait s'entourer d'économistes (M. Chevalier...), d'hommes d'affaires (les frères Pereire...), de banquiers (A. Fould...), d'industriels (E. Schneider...). Dans les Chambres comme au gouvernement, les intérêts économiques n'ont jamais été aussi bien représentés. De son côté, le Conseil supérieur de

Les frères Pereire inaugurent
une ligne de chemin de fer.
(Photo Jean-Loup Charmet)

l'Agriculture, du Commerce et des Travaux publics s'impose comme un lieu de rencontre privilégié entre économistes, hommes d'affaires, hauts fonctionnaires et responsables politiques. Néanmoins, tous ces hommes ne parlent pas d'une seule voix. Schématiquement, deux politiques s'affrontent. Autour des Pereire, de Chevalier, de Persigny, d'Haussmann, de Béhic ou encore de Morny, un parti du mouvement économique soutient les grands projets et la politique des dépenses productives. Les tenants de l'orthodoxie financière s'opposent à lui en agitant le spectre de la banqueroute. Ces hommes, dont beaucoup se retrouvent dans l'entourage des Rothschild, à la direction de la Banque de France et dans les Chambres (les fameux « budgétaires »), sont aussi présents au gouvernement avec Fould, Baroche ou Rouher. Tout en restant plus proche par tempérament des premiers, comme le prouve sa volonté de donner un nouvel élan à l'économie (lettre - programme du 5 janvier 1860), Napoléon III est aussi de plus en plus contraint de composer avec les seconds, devant la multiplication des difficultés (décret du 24 novembre, arrivée de Fould au poste de grand argentier). La politique économique des années 1860 est donc plus complexe et oscille constamment entre ordre et mouvement.

L'adaptation des outils financiers

La révolution du crédit qui s'accomplit sous le Second Empire est très significative de la rivalité entre les groupes d'intérêt. Elle joue également un rôle décisif dans le développement économique. Prudentes et habituées à ce que les entreprises s'autofinancent, les banques traditionnelles (la Banque de France, la haute banque dont la maison Rothschild est l'un des fleurons, les banques locales...) répondent imparfaitement aux nouveaux besoins de l'économie. L'idée commence à se faire jour de créer des sociétés bancaires par actions qui permettront de drainer l'épargne sur une vaste superficie et à une grande profondeur par différentes formules attractives (dépôts à vue portant intérêt, comptes courants...) et de l'orienter vers les opérations d'envergure. Le gouvernement y voit un moyen d'assurer un escompte permanent et bon marché et donc de régulariser la conjoncture. Né en 1848, le Comptoir d'escompte a amorcé le mouvement. En 1852, le Crédit foncier est fondé à son tour. La même année, les Pereire créent le Crédit mobilier avec le soutien du prince-président qui se défie d'une haute banque soupçonnée d'orléanisme. Les deux frères ambitionnent d'investir dans tous les secteurs dynamiques, en France comme à l'étranger, d'y faciliter les fusions et de placer les emprunts publics et privés. Leur audace mécontente leurs anciens protecteurs, les Rothschild, qui refusent d'entrer dans l'affaire après avoir tenté de la faire interdire (Jean Bouvier, [251]). Par la suite, le Crédit Industriel et Commercial voit le jour en 1859, le Crédit Lyonnais en 1863 et surtout la Société Générale en 1864. Disposant d'un capital initial gigantesque pour l'époque (120 millions de francs) et d'un patronage prestigieux (Schneider, Bartholony, Talabot...), cette dernière profite de l'introduction du chèque bancaire (1865), multiplie les succursales à travers la France et dépasse les dix millions de francs de bénéfices dès 1869. Il ne faut cependant pas s'exagérer l'importance de ce type de banques. Le Crédit Lyonnais, pour ne citer que lui, est encore un établissement modeste, provincial et dont la stratégie n'est pas encore clairement définie (Jean Bouvier, [90]).

En revanche, il ne faut sous-estimer ni le rôle, ni les capacités d'adaptation de l'ancien système sous le Second Empire. À l'origine du réseau ferré français, la haute banque y demeure très présente. Il lui arrive de prendre des participations dans les nouvelles banques, voire d'être à l'origine de certaines (le C.I.C. est ainsi créé pour concurrencer les Pereire sur leur propre terrain). De leur côté, des établissements locaux s'organisent sous forme de sociétés par actions. Quant à la Banque de France qui a reçu le monopole d'émission des billets en 1848 et dont le capital double pour atteindre 182 millions, elle n'est pas aussi frileuse qu'on a prétendu, même si la pression gouvernementale explique souvent des décisions qu'elle n'aurait pas prises elle-même. Comme les travaux d'Alain Plessis le montrent [113], elle ajoute à ses tâches traditionnelles (escompte...) de nouvelles opérations (prêts aux compagnies ferroviaires et placement de leurs obligations dans les périodes difficiles...). En outre, elle ouvre à travers toute la France des succursales qui permettent de niveler le crédit et de faciliter la diffusion des billets.

Les banquiers ne sont plus de simples intermédiaires, mais ils interviennent directement sur la croissance en privilégiant les activités à fort profit et les régions les plus favorables à l'investissement. Ils déterminent les « pôles de croissance ». Sous leur influence, le capitalisme, qui était surtout négociant, devient financier et industriel. Les banquiers obtiennent aussi la libéralisation du régime des sociétés dont ils sont les principaux bénéficiaires. Des trois formes de sociétés autorisées par le *Code de commerce* de 1807, la société en nom collectif qui joue sur la complémentarité des associés et évite la dispersion de l'entreprise est de loin la plus répandue, en particulier dans le commerce et l'industrie (Patrick Verley, [118]). Elle concerne encore près des quatre cinquièmes des actes de fondation sous le Second Empire. Cependant, les différents types de sociétés en commandite qui distinguent les gestionnaires de l'affaire, entièrement responsables sur leurs biens, des simples bailleurs de fonds qui n'engagent que leurs apports, sont prisés par les industriels (Schneider, Wendel...) et se développent au cours de la période, au point que l'on a pu parler de « fièvres de commandites ». Mais la forme la plus moderne d'association, celle qui permet de mobiliser le plus de capitaux, est la société anonyme où seul le capital social répond des dettes éventuelles. Avant le Second Empire, l'État, méfiant, ne l'autorise que s'il en perçoit la nécessité absolue (glaceries de Saint-Gobain...) (J.-P. Daviet, [96]). L'importance accordée par le nouveau régime à des institutions de crédit et à des chemins de fer qui exigent de gros moyens change la donne. De même, la concurrence des sociétés anonymes anglaises, libres d'intervenir sur le marché français, à partir de 1862, implique une mise à niveau. La loi de 1863 dispense donc une société anonyme, dont le capital n'excède pas les 20 millions, de demander une autorisation pour se constituer (le Crédit Lyonnais en profite aussitôt). Celle de 1867, qui reste valable dans ses grandes lignes pendant un siècle, n'impose plus de limitation de capital. En trois ans, 624 entreprises se forment en sociétés à responsabilité limitée (S.A.R.L.), ce qui représente un nombre presque équivalent à celui des sociétés anonymes créées entre 1807 et 1867.

La multiplication des sociétés en commandite par actions et des sociétés anonymes, le développement des emprunts d'État, des départements et des villes, l'internationalisation du marché entraînent un essor sans précédent de la Bourse de Paris qui concurrence maintenant le Stock Exchange de Londres. Les valeurs cotées qui ne sont que 118, dont 28 étrangères, fin 1850, passent à 307, dont 109 étrangères, en 1869. Dans le même temps, la capitalisation fait un bond de 11 à 33 milliards. Presque tous les journaux ont désormais leur rubrique boursière. La Bourse suscite une telle passion qu'elle devient, selon Alexandre Dumas fils, l'équivalent de « ce qu'était la cathédrale au Moyen Âge ». Un grand nombre de petits et moyens possédants détiennent des valeurs. Cela explique que l'on ait pu exalter le « suffrage universel des capitaux » et la « démocratisation du crédit ». Cependant, il convient de relativiser le phénomène et ses effets posi-

La corbeille de la Bourse de Paris, *Le Monde illustré*,
25 avril 1857. (Archives Hachette - L.G.F.)

tifs. Les titres financiers ne représentent toujours que 6 % de la valeur des successions en 1868 contre 5 % en 1852. Parce qu'ils ont la réputation de générer les plus gros profits, les placements à l'étranger connaissent une progression spectaculaire (ils passent de 2 à 15 milliards de francs). Ils peuvent favoriser la vente à l'étranger des produits français ou encore assurer des rentrées de revenus ([108] et Rondo Cameron, [92]), mais ils détournent aussi de l'industrie nationale des capitaux disponibles. De ce fait, les acteurs économiques se livrent une concurrence effrénée pour se procurer un argent, abondant à l'origine, mais désormais raréfié et donc plus cher (Alain Plessis, [20]). Du reste, l'époque est dominée par la spéculation et l'affairisme dont Morny constitue le symbole. Plusieurs hommes influents profitent de leur position et des informations dont ils disposent pour s'enrichir. Napoléon III s'en inquiète et encourage le magistrat de Vallée à publier un livre-réquisitoire, *Les Manieurs d'argent*. Même s'il est difficile d'en prendre la mesure, le nombre des délits ne semble pas diminuer pour autant.

La révolution des transports et des échanges

Comme le secteur du crédit, celui des chemins de fer occupe une place centrale dans le processus de modernisation économique que connaît le Second Empire (Georges Ribeill, [114] et François Caron, [94]). En amont, il permet de transformer le système bancaire auquel il est le premier à recourir massivement, montre l'utilité des sociétés par actions, détermine le succès des placements boursiers en proposant au public des obligations à bon marché et à rendement sûr et stimule la métallurgie. En aval, il accélère les communications, abaisse le coût du transport, unifie le marché national, oblige les régions agricoles à se spécialiser et les localisations industrielles à se concen-

La *Lison* qui relie Cherbourg à Mantes et à Caen.
(Archives Hachette - L.G.F.)

trer. Mais il subit lui-même de profondes mutations. C'est véritablement sous le Second Empire que la France entre dans l'ère du rail. Après la loi de 1842 qui a fixé les lignes prioritaires (réseau en étoile autour de la capitale) et qui a partagé les charges entre l'État pour l'infrastructure (achat de terrains, ouvrages d'art...) et les entreprises privées pour la superstructure (rails, gares...), la France a connu un boom ferroviaire, mais celui-ci a pris fin avec la crise de 1847 et la révolution de 1848. En 1850, la France ne compte que 2 915 km de voies contre plus du double en Allemagne et plus du triple en Grande-Bretagne. C'est le prince-président qui, au lendemain de son coup d'État, trouve la voie de la relance (François Caron, [94]). La politique ferroviaire qui est progressivement mise en place repose sur plusieurs principes : la réduction du nombre des compagnies par des fusions pour que chacune puisse bénéficier d'un réseau suffisant et de services rationalisés ; la garantie des emprunts obligataires pour donner des moyens suffisants aux sociétés de chemins de fer ; la concession à ces dernières d'un bail de longue durée (99 ans) pour leur permettre d'amortir leurs investissements lourds. En contrepartie, lesdites compagnies doivent prendre en charge les lignes secondaires destinées à desservir des régions pauvres et excentrées et donc promises à une rentabilité moindre. À la fin des années 1850, le premier réseau (les plus grandes lignes) est achevé et six compagnies (Nord, Est, Ouest, Paris-Orléans, Paris-Lyon-Méditerranée et Midi) se le partagent pour l'essentiel. Tout cela s'est accompli au prix d'investissements sans précédent, d'une lutte terrible entre les groupes Rothschild et Pereire et de nombreux « cadavres », dont le plus important est le Grand Central, ce réseau de Paris au Midi à travers le Massif Central que Morny n'a pas réussi à imposer. Avec la construction du deuxième réseau (les lignes secondaires), les pouvoirs publics sont contraints de s'engager plus qu'ils ne le souhaitent (conventions de 1858 et de 1863) et même de verser des subventions (François Caron, [94]). Ce « système mixte » mécontente à la fois les partisans de l'exploitation par l'État, puisque les compagnies demeurent propriétaires des chemins de fer tout en étant assistées, et les libéraux qui estiment que la recherche du profit n'est pas assez prise en compte. Pourtant, poussé par l'opinion publique, par les collectivités locales et par les députés, l'État n'attend même pas l'achèvement de ce réseau pour en autoriser un troisième, celui des lignes d'intérêt local (loi de 1865). Il encourage alors de petites compagnies à concurrencer les grandes. En 1870, 17 440 km sont construits pour un investissement total de 9 milliards de francs. Si la carte du réseau laisse apparaître des vides (massifs montagneux...), la France a rattrapé son retard. Le trafic voyageurs a presque quintuplé et le trafic marchandises a plus que décuplé. Le rail l'emporte maintenant sur la route qui est plus coûteuse et sur les voies navigables et les canaux qui sont plus lents (Alain Beltran et Pascal Griset, [88]).

Si le régime et les investisseurs donnent la priorité au chemin de fer, les autres moyens de communication ne sont pas délaissés. De nouvelles routes sont ouvertes, en particulier dans les zones de montagne, et le tunnel du Mont-Cenis est percé. Les chemins vicinaux se multiplient et contribuent à désenclaver les campagnes. Le réseau des rivières navigables et des canaux est aussi amélioré. Avec l'introduction du timbre-poste, en 1848, le courrier progresse de façon spectaculaire. Parallèlement, le réseau télégraphique s'organise. Réservé aux communications officielles jusqu'en 1850, le télégraphe électrique s'ouvre au public. Grâce à des câbles sous-marins, il devient possible de communiquer avec l'Algérie et l'Amérique. Entre 1852 et 1870, le kilométrage de fil est multiplié par 18 et le trafic passe de moins de 50 000 télégrammes à plus de 4 millions, en particulier grâce à l'adoption du tarif unique à 2 francs en 1861 et à son abaissement à 1 franc en 1868. Les grandes agences de presse, dont la Française Havas, instaurent le principe d'un échange réciproque d'informations et permettent aux agents économiques comme aux particuliers d'être mieux et plus rapidement renseignés. Le Second Empire tente aussi d'organiser des compagnies maritimes comparables à celles des chemins de fer. Outre les Messageries nationales puis impériales subventionnées par l'État et qui assurent des services réguliers avec l'Afrique du Nord et le Levant, la Compagnie générale maritime, devenue Compagnie générale transatlantique en 1861 sous l'égide des Pereire, ouvre des lignes vers l'Amérique. Les ports ne sont pas non plus négligés : Dunkerque, Le Havre, Brest, Saint-Nazaire, Bordeaux et surtout Marseille sont modernisés. Le port phocéen s'élève au deuxième rang européen, derrière Londres, avec l'achèvement de La Joliette en 1854, de la gare maritime en 1859, du Bassin national en 1863 et la construction de docks immenses. À la croisée de l'Occident et de l'Orient, Marseille augmente son trafic maritime de 60 %, avant même l'ouverture du canal de Suez en 1869 qui semble lui promettre un avenir radieux. Malgré une progression de presque 50 %, la flotte marchande reste néanmoins très inférieure à son homologue britannique et ne connaît pas de décollage comparable à celui de la marine de guerre. La modernisation reste incomplète. Ainsi, le tonnage des navires à vapeur représente encore moins de 15 % de celui de l'ensemble de la flotte (Michèle Battesti, [222]). Il convient aussi de se méfier des idées préconçues sur le commerce. Si le déclin du colportage et des foires est indéniable, cependant que le type du représentant de commerce apparaît et que la vente sur catalogue se développe, le petit commerce de détail résiste mieux qu'on ne l'a longtemps cru, au prix parfois de quelques aménagements (magasins à succursales multiples). En 1866 la population active du commerce comprend

700 000 patrons pour seulement 244 000 employés ! La création de grands magasins, comme *Le Bon Marché,* en 1852, *Les Grands Magasins du Louvre*, en 1856, *Le Printemps,* en 1865, ou *La Samaritaine,* en 1869, ne doit pas faire oublier que le phénomène est antérieur au Second Empire (*La Belle Jardinière* date de la Restauration...) et surtout qu'il ne représente qu'une part marginale dans l'ensemble du commerce. Néanmoins, les conditions propres de la période (essor des villes et des transports, population plus riche, production d'articles en série) permettent à quelques novateurs de jeter les bases d'une prochaine révolution. Après avoir pris la direction d'un magasin de nouveautés qui vivotait, Aristide Boucicaut en fait rapidement la première enseigne de la capitale, grâce à des techniques de ventes nouvelles (entrée libre, gamme variée de produits, affichage des prix, marges bénéficiaires réduites compensées par un important volume de ventes, reprise de l'article en cas d'insatisfaction du client...). Sous sa direction, *Le Bon Marché* atteint un chiffre d'affaires considérable à la fin du Second Empire (plus de 20 millions de francs en 1870), mais, avec *Le Louvre* de Chauchard, il reste encore un cas isolé (Michael B. Miller, [111]).

Le commerce national et international bénéficie aussi de la multiplication des moyens de paiement, de l'abaissement des barrières protectionnistes et de l'émergence du marché mondial. À la suite de la découverte des mines d'or de Californie et d'Australie et du succès de la monnaie fiduciaire (quadruplement du nombre de billets de banque en circulation entre 1850 et 1870 avec la généralisation des petites coupures), la masse monétaire s'accroît. Le traité de commerce franco-anglais de janvier 1860 et l'application de la clause de la nation la plus favorisée par les deux signataires entraînent une véritable contagion. Entre 1861 et 1870, la France signe une vingtaine de traités similaires (Turquie, Belgique, Prusse, Zollve-

Le grand escalier du Bon Marché.
(Archives Hachette - L.G.F.)

rein, Italie...). Par ailleurs, l'idée d'une communauté économique internationale chemine, en particulier aux Tuileries. De grandes conférences aboutissent à la création de l'Union télégraphique internationale en 1864-1865. À la même époque, la France, la Suisse, l'Italie et la Belgique forment un marché monétaire commun sous le nom d'Union latine. En 1867 encore, Paris est le théâtre d'une conférence monétaire internationale. Tout cela explique que le commerce français progresse, tant à l'intérieur qu'à l'extérieur. C'est même en 1865 que sa part dans le commerce mondial atteint son maximum (15,9 %), avec un écart minimal de 1 à 1,4 avec celui de la première puissance mondiale, le Royaume-Uni. La structure du commerce français est nettement celle d'un pays industriel, puisque prédominent à l'exportation les produits manufacturés, comme le textile, et à l'importation les matières premières (soie, coton, laine, bois...), la houille et les produits alimentaires (céréales, sucre, café...).

*Archaïsmes et modernisation
des secteurs agricoles et industriels*

Le Second Empire est parfois qualifié d'« âge d'or des campagnes françaises » et certains évoquent même la « révolution agricole » qui se serait alors produite. Ces expressions appellent commentaires et nuances. L'importance de l'agriculture dans l'économie de l'époque ne se discute pas. En 1852, le secteur agricole fournit encore 45 % du produit intérieur français contre seulement 20 % à l'industrie et 35 % aux services. Plus d'un Français sur deux en tire l'essentiel de ses ressources. Si la Deuxième République s'est intéressée de près à l'agriculture, en lançant par exemple une grande enquête dès le printemps 1848, elle n'a eu ni le temps ni les moyens de résoudre la crise des campagnes et de s'attaquer au problème endémique de l'endettement paysan. Dès sa fondation en 1852, le Crédit foncier

« Progrès avec prudence, pratique avec science »,
Journal d'agriculture pratique, 1862.
(Archives Hachette - L.G.F.)

connaît un grand succès et les saisies immobilières reculent sensiblement. Les paysans se remettent à acheter des terres. En effet, les revenus agricoles progressent plus encore que le revenu moyen des Français, en raison de la hausse des prix agricoles, de l'augmentation des quantités produites et de l'absorption du surpeuplement rural par l'essor urbain. Le développement des transports et des échanges restructure l'espace en réduisant les zones vouées à la polyculture d'autosubsistance et en spécialisant les régions en fonction de leurs potentialités. Le Languedoc se voue au vignoble, le Charolais et le Pays d'Auge à l'embouche... Les fraises produites dans le Léon sont envoyées à Paris et à Londres. L'agriculture devient même par endroits capitaliste. Dans le Nord et en Picardie, la culture massive de la betterave à sucre multiplie les sucreries et permet, grâce à la pulpe, d'élever les bovins en stabulation permanente. Des aménagements ruraux de grande ampleur sont entrepris comme le drainage de la Sologne et des Dombes, l'irrigation de la Provence ou encore la plantation de la forêt de pins des Landes. Les jachères reculent au profit de prairies artificielles. Les terres siliceuses sont amendées par le chaulage. De nouveaux engrais comme le guano et les phosphates se répandent. Au total, la surface cultivée s'accroît de 1,5 million d'hectares pour atteindre le plus haut niveau de toute notre histoire avec 26,5 millions d'hectares. Si les oléagineux et les plantes tinctoriales déclinent, le froment, les pommes de terre, les betteraves et l'élevage progressent au point que les quantités produites augmentent de 50 % pendant la période. Les disettes disparaissent (Geneviève Gavignaud, [100]).

Cependant, la situation de l'agriculture n'est pas aussi favorable qu'il y paraît au premier abord. Sans délaisser le secteur, le régime ne lui consacre pas la même attention qu'au bâtiment par exemple. Il laisse ainsi le Crédit foncier puis le Crédit agricole fondé en 1860 se détourner de leur but initial et se porter vers l'immobilier urbain qui est plus rémunérateur. Les efforts de la Deuxième République pour mettre en place un enseignement agricole à trois niveaux (Institut national agronomique, quelques écoles régionales et une ferme-école par département) sont abandonnés. Les restrictions budgétaires ne sont pas les seules responsables. S'y ajoutent le conservatisme, l'esprit routinier et l'individualisme des paysans dont se plaignent les agronomes (Annie Moulin, [157]). Les conseils que prodiguent les sociétés d'agriculture sont rarement écoutés. Les paysans ont tendance à s'endormir sur leurs lauriers. Alors que les prix élevés s'expliquent par la conjoncture, ils en font un phénomène durable et négligent de ce fait la modernisation. Les nouveaux engrais, les charrues à roues, les moissonneuses et les batteuses ne sont utilisés que dans les grandes exploitations. L'usage du fumier, de l'araire, de la faux et du fléau demeure bien plus répandu. Du reste, comme l'ensemble de l'historiographie le souligne, la taille de plus en plus réduite des exploitations (celles de moins de 10 hectares constituent 68 % de l'ensemble en 1852 et 75 % vers 1870) et l'éparpillement des parcelles empêchent tout progrès. De nombreuses zones, en particulier dans les montagnes et le Midi, restent à l'écart de la modernisation (Emmanuel Le Roy-Ladurie, [215]). Avec les progrès des transports, les écarts entre régions riches et pauvres s'accroissent. Par ailleurs, le chemin de fer facilite la propagation des maladies. La sériciculture est touchée par la pébrine ; la vigne par l'oïdium et par le mildiou puis, à partir de 1868, par le phylloxéra. Les aléas climatiques entraînent encore périodiquement des effondrements de la production céréalière (1853, 1855, 1861, 1867). Au total, les rendements progressent peu et les résultats de l'Empire sont décevants par rapport à ses voisins. Léonce de Lavergne souligne ainsi la médiocrité du cheptel français, qui compte plus de têtes de bétail que les troupeaux anglais mais qui produit deux fois moins de lait et qui oblige le pays à importer des fromages. Quant au rendement en blé, il atteint certes 20 quintaux à l'hectare en Beauce, mais il n'est que de 11 qx/ha pour l'ensemble du pays contre plus de 15 aux Pays-Bas. La part de l'agriculture dans le produit agricole décline.

L'emploi du terme « révolution » paraît tout aussi abusif pour l'industrie du Second Empire. L'essor industriel est indéniable. La production de la houille triple et celle de l'acier quadruple. Le nombre de machines à vapeur quintuple et celui des chevaux-vapeur décuple. Les Expositions universelles montrent la qualité des produits français. Mais l'industrialisation n'est pas radicale (Patrick Verley, [118]). Des structures archaïques persistent. La prospérité du début du Second Empire n'est pas sélective et permet à des entreprises à faible productivité de se maintenir. La décélération des années 1860 et les progrès des transports amorcent une sélection, mais qui demeure incomplète. Si l'industrie disséminée dans les campagnes disparaît progressivement, les ateliers artisanaux des villes résistent bien. En 1866, la dispersion de la main-d'œuvre industrielle reste très importante (1 334 000 patrons pour 2 898 000 ouvriers). Même s'il ne faut pas faire des grands complexes industriels un modèle systématique de la modernité car ils présentent souvent des capacités d'adaptation à la conjoncture, aux modes et au marché plus réduites que les firmes moyennes, leur rareté traduit le retard de l'industrie française. L'étroitesse des marchés explique aussi la polyvalence de beaucoup d'entreprises (Patrick Verley, [117]). En outre, les patrons dont les intérêts divergent, qui sont très individualistes et qui entretiennent, pour certains d'entre eux, des liens étroits avec le pouvoir, tardent à s'organiser. Le Comité des forges créé en 1864 est isolé et ne joue encore qu'un rôle modeste.

Comme l'enquête industrielle de 1861-1865 le montre, le textile qui représente 31,4 % de la valeur ajoutée totale de l'industrie manufacturière et même

36,6 % si on lui ajoute l'habillement, reste le premier secteur industriel. Contrairement à la Grande-Bretagne où le coton règne en maître, la production française est plus équilibrée entre laine, lin, soie et coton. Dominant, ce dernier subit le contrecoup des pénuries occasionnées par la guerre de Sécession et est rudement concurrencé par les autres textiles. Si ses filatures sont progressivement mécanisées (de 4,5 millions de broches en 1852 et 6,9 en 1867), son tissage se modernise plus lentement (80 000 métiers mécaniques contre encore 200 000 métiers à bras en 1867). Les gros établissements intégrés comme Dollfus-Mieg (3 000 ouvriers en 1867) sont rares car la taille ne permet pas de réelles économies d'échelle dans le textile (Claude Fohlen, [99]). La laine, le lin et la soie restent peu mécanisés. Avec moins de 2 % de croissance annuelle, le secteur progresse faiblement. Les trois pôles majeurs (Nord, Alsace et Normandie) s'affirment davantage, alors que les centres isolés (Mazamet, Roanne, Vienne...) déclinent. Les transformations qui interviennent dans la métallurgie sont beaucoup plus importantes. Elles ont pour origine de nouvelles techniques. La production de la fonte au coke l'emporte sur celle au charbon de bois dès 1853. Avec l'utilisation du convertisseur Bessemer dès la fin des années 1850 puis l'invention du four Martin en 1864, la production d'acier décolle. Les petites forges disséminées dans les forêts (Ardennes, Jura, Pyrénées...), qui utilisent le charbon de bois local, ne peuvent plus résister à la concurrence et disparaissent progressivement. À l'inverse, les mines de fer de Lorraine et la houille du Nord-Pas-de-Calais, du Centre, de la Loire, du Gard et de Saône-et-Loire permettent l'édification de puissants complexes métallurgiques. À la fin du Second Empire, les établissements de Wendel en Lorraine comptent 9 000 ouvriers et produisent 11 % de la fonte française ; ceux de Schneider au Creusot assurent 10 % de la production et emploient 12 500 personnes. Malgré l'augmentation de la production de charbon de terre, en particulier dans le bassin du Pas-de-Calais qui devient le premier de France dans les années 1860, les besoins sont tels qu'ils obligent à recourir massivement aux importations et à se tourner, à la fin de l'Empire, vers de nouvelles sources d'énergie comme l'hydroélectricité, sous l'impulsion de Bergès. De son côté, la chimie connaît un essor spectaculaire avec de grandes firmes comme Solvay, Kuhlmann ou Saint-Gobain, modèle de gestion rationnelle (J.-P. Daviet, [96]). Mais le Second Empire est aussi une période faste pour le bâtiment et les travaux publics avec les grands aménagements urbains.

Les grandes villes de France, Lyon, Marseille, Rouen, Caen ou Avignon et plus encore Paris sont alors de vastes chantiers. Repéré par Napoléon III et par Persigny alors qu'il est préfet de la Gironde, Haussmann est nommé à la préfecture de la Seine en juin 1853. Jusqu'en janvier 1870, il est le maître d'œuvre des transformations de la capitale. L'empereur est très attaché à ce projet dont il a lui-même tracé les grandes lignes sur un plan qu'il conserve dans son bureau des Tuileries. Il s'agit tout à la fois de faire de Paris, la Rome du monde moderne, le moteur de la machine économique, le modèle de la ville agréable à vivre et sûre, puisque les ruelles insalubres et tortueuses, propices aux coups de main et à l'édification de barricades, seront remplacées par de larges artères rectilignes (Louis Girard, [103]). Les faubourgs ouvriers sont donc éventrés comme les vieux centres révolutionnaires. Une grande croisée voit le jour de la gare de l'Est à l'Observatoire et de la barrière du Trône à l'Étoile. Des perspectives, des avenues et des grands boulevards sont ouverts pour aérer la capitale et mettre en valeur les édifices publics comme l'Hôtel de Ville et les monuments comme Notre-Dame. Le Louvre est relié aux Tuileries. De hauts immeubles d'aspect bourgeois et uniforme remplacent des milliers de maisons lépreuses ou de charmants hôtels particuliers. Des mai-

Les Halles centrales de Paris, par Victor Baltard.

ries, des écoles, des hôpitaux, des églises, des casernes, des prisons, des marchés et des théâtres sont construits. L'édification d'un nouvel Opéra est entreprise sous la direction de Garnier. Au centre de la capitale, les Halles, pour lesquelles Baltard utilise le fer à la demande de Napoléon III, deviennent vite ce « ventre de Paris » où arrivent les produits de la France entière. Six grandes gares, de nouveaux ponts, des lignes d'omnibus et de tramways et des services de bateaux-mouches améliorent la circulation. L'éclairage au gaz fait de Paris la « ville lumière ». Grâce à l'ingénieur Belgrand, la capture des rivières de la Dhuys, du Surmelin et de la Vanne ainsi que la construction d'un système de tuyaux en fonte permettent aux Parisiens de recevoir à leur domicile l'eau potable qui leur manquait jusque-là. La longueur des égouts quadruple. Deux grands collecteurs déversent désormais les eaux usées de la capitale dans la Seine à hauteur d'Asnières et de Saint-Denis et assainissent le parcours parisien du fleuve. L'ingénieur Alphand aménage des jardins publics et des squares à l'imitation de Londres, des grands parcs (Montsouris, Buttes-Chaumont, Monceau), les bois de Boulogne et de Vincennes. À l'exception des Tuileries, du Luxembourg et du Jardin des Plantes, qui sont antérieurs, et de la récente coulée verte, tous les principaux espaces verts de la capitale datent de l'époque. La politique d'« haussmannisation » ne connaît pas de limites. En 1860, Paris double sa superficie par l'adjonction de sa banlieue, d'Auteuil aux Batignolles et de Grenelle à Bercy. Le nombre des arrondissements passe de douze à vingt. Même si les travaux de la périphérie sont plus modestes que ceux du centre, ils permettent de moderniser des quartiers qui s'étaient urbanisés de façon anarchique et qui étaient gravement sous-équipés. Malgré les bienfaits évidents de cette politique, celle-ci présente aussi d'importants travers et mécontente la plupart des ministres, les « budgétaires », les députés provinciaux, les

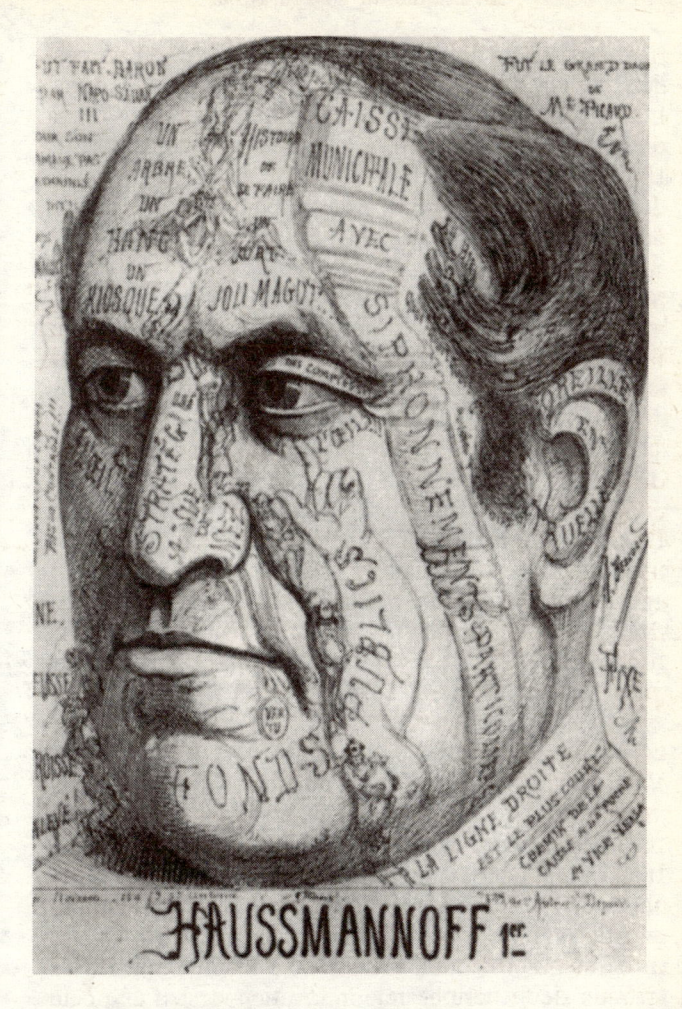

Caricature d'Haussmann, préfet de la Seine.
(Archives Hachette - L.G.F)

membres de la Cour des comptes et du Conseil d'État, tous les nostalgiques du vieux Paris ainsi qu'une grande partie des Parisiens eux-mêmes. Reçu par l'empereur en tête-à-tête très fréquents, Haussmann suscite les jalousies (Michel Carmona, [252] et Georges Valance, [284]). S'il est en partie victime d'une vague de spéculations sans précédent et des lourdes indemnités d'expropriation accordées par des jurys composés de bourgeois attachés à l'idéal de la propriété et parfois impliqués eux-mêmes dans les opérations, le préfet ne s'embarrasse pas non plus de scrupules. Selon lui, la fin justifie les moyens. L'État subventionne moins les travaux que sous la monarchie de Juillet, mais le recours à l'emprunt devient massif (Geneviève Massa-Gille, [110]). Par ailleurs, pour éviter les lenteurs de l'administration et les réticences des législateurs, une Caisse des travaux dépendant directement du préfet est créée en 1858. Des bons de délégation émis en grande quantité procurent un crédit parallèle et illégal. Au total, 2,5 milliards de francs sont dépensés entre 1853 et 1869, alors que le budget annuel du pays est d'environ 2 milliards !

*Le renversement de la conjoncture
et le ralentissement de la croissance*

En dépit d'une série de mauvaises récoltes (1853-1856), la plupart des indicateurs économiques montrent que les premières années de l'Empire s'accompagnent d'une réelle prospérité. La période se caractérise en effet par l'un des taux d'investissement les plus forts du siècle, une grande innovation, un vif essor du commerce, de hauts prix, dont les effets bénéfiques ont été soulignés par Ernest Labrousse [105], ainsi que par d'énormes profits. La croissance industrielle influe de plus en plus nettement sur la santé économique du pays. Or, elle se maintient à un niveau comparable à celle de la monarchie de Juillet, régime où tout restait à faire et où il était donc plus facile d'atteindre des taux de croissance élevés. Cependant et contrairement aux idées reçues, Maurice Lévy-Leboyer a prouvé qu'un retournement se produit dès les années 1856-1858. Même s'il faut tenir compte du fait qu'il prend davantage en compte les industries comme le textile qui emploient de gros effectifs et qui ont une forte valeur ajoutée mais qui sont aussi celles qui innovent le moins, le taux moyen annuel de croissance industrielle s'effondre. Tout en restant positif, il passe ainsi de 3,87 % pour la période 1850-1855 à 2,36 % entre 1855 et 1860, à 2,19 % de 1860 à 1865 et à 1,16 % entre 1865 et 1870 [107]. La décélération de la croissance s'explique, pour partie, par l'instabilité qui caractérise la période et dont témoignent, par exemple, les fluctuations du taux d'escompte de la Banque de France (fixé à 4 % de 1820 à 1847, celui-ci change 72 fois entre 1852 et 1870, oscillant de 2,5 % à 10 %). Des crises plus complexes que par le passé, et dont l'économiste Clément Juglar souligne alors pour la première fois le caractère cyclique, caractérisent les années 1860.

Aux mauvaises récoltes de 1861, s'ajoutent bientôt les premiers effets du traité avec l'Angleterre. Des productions jusque-là prohibées connaissent un succès de curiosité. Les importations de filés et de tissus de coton d'outre-Manche triplent. La guerre de Sécession entraîne la fermeture du marché américain à de nombreux produits français. En outre, elle provoque une famine de coton et, par contrecoup, la faillite de plusieurs entreprises textiles, en particulier en Normandie. Au printemps 1863, la France compte près de 225 000 chômeurs. Alors que cette crise s'achève à peine, une autre beaucoup plus grave débute. En 1867, une nouvelle pénurie alimentaire nécessitant des importations massives de céréales se conjugue en effet avec une récession industrielle de grande envergure. La fin de la guerre de Sécession occasionne une grave surproduction du secteur textile, alors que le marché américain, protégé par des tarifs prohibitifs, reste fermé. La clôture de l'Exposition universelle accentue le ralentissement des affaires. Les tensions internationales provoquent une crise générale de confiance. Lorsqu'elle n'a pas déjà été détournée par l'« haussmannisation » ou par les placements à l'étranger, l'épargne s'accumule maintenant à la Banque de France dont l'encaisse atteint pour la première fois un milliard de francs en 1868. Cette « grève du milliard » nuit gravement aux secteurs productifs. De nombreux entrepreneurs hésitent d'ailleurs à investir alors que des audacieux comme les Pereire sont en pleine déconfiture. Ayant surestimé les capacités du marché immobilier marseillais, les deux frères ont en effet entraîné le Crédit mobilier au bord de la faillite. En septembre 1867, ils doivent démissionner de la direction pour que la Banque de France accepte de sauver l'affaire. Abandonnés par le pouvoir impérial et par la plupart de leurs amis, ils sont également contraints, sous la pression de leurs nombreux ennemis, de renoncer à la Compagnie générale transatlantique en 1868. Leur chute témoigne à la fois des limites d'un système et des difficultés économiques croissantes de l'Empire. C'est à cette époque que l'industrie allemande dépasse par exemple l'industrie française. Ainsi, en 1870, la production industrielle nationale ne représente plus que 10 % de la production mondiale contre 32 % au Royaume-Uni et 13 % à l'Allemagne. Il faut toutefois se méfier des généralisations et se garder de dresser un tableau trop noir de l'économie impériale. Le ralentissement de la croissance industrielle est essentiellement quantitatif. Avec la disparition des anciennes structures, à la faveur même de la crise, le développement devient plus qualitatif. Le produit intérieur brut qui n'était encore que de 11 milliards de francs en 1850 atteint les 20 milliards à la fin de l'Empire (Maurice Lévy-Leboyer et François Bourguignon, [109]). La balance commerciale, traditionnellement excédentaire, se dégrade certes à partir de 1867, mais, à y regarder de plus près, le phénomène s'explique partiellement par la minoration des valeurs d'exportation destinée à réduire les droits perçus à l'entrée des pays étrangers. En outre, la balance des comptes connaît des excédents croissants. La santé de l'économie nationale en 1870 appelle donc nécessairement un jugement nuancé [108].

VI

SOCIÉTÉ, MENTALITÉS ET CULTURES
DU MILIEU DU SIÈCLE

*Une population stagnante
dont le niveau de vie s'améliore*

Sous le Second Empire, la population passe de 36 millions à 38,5 millions d'habitants. Avec un taux de croissance annuel qui n'atteint en moyenne que 0,27 % et qui est sensiblement inférieur à celui de la monarchie de Juillet, la population augmente donc assez peu. Elle retombe même à 36,1 millions d'habitants en 1872 en raison de la guerre franco-allemande (200 000 morts), de la perte de l'Alsace-Lorraine (1 600 000 habitants en moins) et de la Commune (20 000 morts environ). L'annexion de la Savoie et du comté de Nice en 1860 apporte pourtant 670 000 nouveaux habitants à la France. En revanche, l'immigration (Belges venus travailler dans l'industrie du Nord...) n'est pas supérieure à l'émigration, contrairement à ce que l'on a longtemps cru (Jacques Dupâquier, [141]). C'est cependant dans le mouvement naturel que réside l'explication principale de la faible croissance. Un tournant majeur dans l'histoire démographique de notre pays, amorcé lors de la crise multiforme des années 1846-1851, est en train de s'accomplir. À la phase d'expansion inaugurée au XVIIIe siècle, succède une période de stagnation qui ne prendra fin qu'au lendemain de la Deuxième Guerre mondiale. En fait, le nombre de naissances reste comparable à celui de la monarchie de Juillet (jamais moins de 900 000 par an), mais pour une population plus nombreuse. Le taux de natalité est donc plus faible. La restriction volontaire des naissances, qui a commencé très tôt au sein des élites françaises (à l'exception de l'aristocratie et de la bourgeoisie catholiques), s'est répandue dans la société. Cependant, sous le Second Empire, la chute du taux de natalité marque une pause dont l'interprétation est encore difficile aujourd'hui (A. Armengaud, [124] et J. Dupâquier, [141]). La réduction de la croissance naturelle résulte en fait des pics de mortalité que connaît la période. Celui des années 1848-1849 est dû à la dépression économique et au choléra. Si les disettes disparaissent, les guerres s'ajoutent aux épidémies pour expliquer les fortes mortalités du Second Empire. Ainsi, au cours de la terrible année 1854, les décès l'emportent sur les naissances et dépassent le million, en raison de la campagne de Crimée et du choléra qui tue, par exemple, 4 % de la population de l'Ariège. Cette mortalité est sélective. Elle frappe davantage les plus âgés et les plus jeunes (un enfant sur trois n'atteint pas son cinquième anniversaire). Les pauvres sont particulièrement affectés. Alors qu'ils sont les plus nombreux à tomber au combat, beaucoup sont encore victimes, en début de période surtout, de maladies spécifiques (scrofules, rachitisme, pellagre...). L'insuffisance de l'hygiène populaire, encore accentuée par la prolétarisation et la dégradation des conditions de logement, facilite la propagation des épidémies. L'alcoolisme, les maladies professionnelles (silicose des mineurs, maladie des affûteurs...) et les accidents du travail (absence de protection des engrenages, nettoyage des machines en fonctionnement...) font aussi des ravages. La moitié des habitants des galetas parisiens et des caves lilloises décrits par Louis Chevalier et Pierre Pierrard n'atteignent pas leurs 25 ans ([131] et [162]). Cependant, ceux qui parviennent à passer ce cap vivent aussi plus longtemps. L'espérance de vie à la naissance progresse légèrement et atteint 40,5 ans pour les hommes et 42 ans pour les femmes. La part des plus de 60 ans dépasse désormais les 10 % et la France devient le plus vieux pays du continent. Si l'on ne peut encore parler de déclin (seule la Russie est encore plus peuplée en Europe), la démographie nationale donne donc des signes de perte de dynamisme. En dépit de Raudot, de Le Play ou de Prévost-Paradol qui lancent des cris d'alarme et qui commencent à parler de décadence française, les élites pensantes restent largement indifférentes au problème. Le malthusianisme ambiant incarné par Alfred Legoyt, directeur du bureau de la Statistique générale, les amène même à penser que la France est enfin devenue « un pays adulte » (Theodore Zeldin, [175]).

De nombreuses preuves attestent l'enrichissement global des Français pendant la période. Même si la progression est plus quantitative que qualitative, la consommation alimentaire augmente et la ration alimentaire moyenne passe de 2 500 calories à près de 2 900 (J.-C. Toutain, [169]). Le seuil permettant de dépasser le mode primaire de consommation (absorption de toutes les ressources par les dépenses de première nécessité) qui est alors de l'ordre de 600 francs de revenus par personne et par an est franchi par la majorité des gens vers 1869. À cette date, 2 400 000 personnes détiennent pour 765 millions de francs dans les caisses d'épargne alors que vingt ans plus tôt ils n'étaient encore que 730 000 pour un total de 97 millions de francs. De son côté, l'annuité successorale s'accroît de 75 %. Cependant, l'écart de richesse s'accentue entre une France du Nord et de l'Est dont le développement est rapide et une France du Sud et des montagnes où le progrès reste plus marginal. En outre, près des deux tiers des adultes décédés sont si pauvres que le fisc n'enregistre aucune déclaration à leur mort. Georges Duveau a calculé qu'un quart seulement des ouvriers parisiens réussissent à épargner alors qu'un autre quart dépense tout ce qu'il gagne et que la moitié restante est endettée [145]. Les monts-de-piété prospèrent. Face au luxe étalé par les élites, les plus humbles ont le sentiment de s'appauvrir. Si la paupérisation n'est que relative pour la plupart d'entre eux, elle est parfois réelle car la montée des salaires ne compense pas toujours la hausse des prix et la flambée des loyers.

Accroissement de la mobilité sociale horizontale et faiblesse de la mobilité sociale verticale

Des recherches récentes montrent que la société française est alors beaucoup plus mobile qu'on ne l'a longtemps cru [142]. Tout en restant très majoritairement rurale, la population a tendance à quitter les campagnes pour les villes. Jadis strictement localisé aux pays de montagne et aux régions déprimées, le mouvement se généralise et peut, pour la première fois, être véritablement qualifié d'exode rural. C'est ainsi qu'entre 1851 et 1870 les départs définitifs des campagnes dépassent le million et que la part des ruraux dans la population chute de 74,5 % à 67,5 %. Seuls quelques riches cantons ruraux dans lesquels la pression démographique n'est pas trop importante continuent de se peupler (vignoble de la Côte-d'Or...). Dans le même temps, la population des centres industriels (Roubaix, Tourcoing, Le Creusot...) explose. Le phénomène profite aussi aux grandes villes qui, à de rares exceptions près, comme Rouen, touchée par la crise cotonnière, connaissent alors des taux de croissance très élevés, souvent dus à l'annexion des villes-champignons de leur proche banlieue (La Chapelle, Les Batignolles pour la capitale...). Ainsi, Paris passe d'à peine plus d'un million d'habitants à près de deux,

Lyon et Marseille de moins de 200 000 habitants à plus de 300 000, Lille double sa population... [121].

En constante augmentation avec l'arrivée d'un grand nombre de jeunes adultes, de femmes et d'immigrés sur le marché du travail, la population active dépasse désormais les 17 millions de personnes. Sa structure professionnelle est profondément bouleversée. Même si, en chiffres absolus, les actifs travaillant dans l'agriculture restent aussi nombreux en 1870 qu'en 1852, leur part dans la population active chute de 56 % à 49 % au cours de la période. La hausse des prix agricoles profite aux propriétaires exploitants (3 800 000 en 1862), aux fermiers et aux métayers (respectivement 387 000 et 202 000 à la même date). La montée des salaires qui est due à une offre de main-d'œuvre supérieure à la demande avantage les ouvriers agricoles (2 975 000 en 1862). En dépit d'une amélioration de la condition paysanne et de la disparition des bandes errantes, la pénibilité des travaux des champs que traduit bien *L'Homme à la houe* de Millet ainsi que la pauvreté et la précarité encore aggravées par le déclin progressif des pratiques communautaires restent néanmoins le quotidien de nombreux paysans, depuis les plus humbles propriétaires jusqu'aux valets de ferme, bouviers, bergers ou journaliers. Ce sont ces ruraux, généralement jeunes et encore célibataires, qui partent vers les villes, voire vers l'étranger (paysans de la vallée de l'Ubaye au Mexique...). L'exode favorisé par l'espoir d'améliorer son sort, par l'attrait de la nouveauté, par l'appel de l'industrie et par le développement des transports permet de résoudre pacifiquement les difficultés des campagnes (Annie Moulin, [157]). Dans les villes, le pouvoir qui considère les classes laborieuses comme dangereuses pour l'ordre social et qui leur attribue toutes les pathologies urbaines (naissances illégitimes, prostitution, suicides, crimes, troubles révolutionnaires) tente de fixer les nouveaux arrivants à proximité des gares, c'est-à-dire à la péri-

L'homme à la houe, par J.-B. Millet, Salon de 1863.

phérie (Louis Chevalier, [131]). Les travailleurs venus plus tôt sont également chassés des centres par les rénovations urbaines et la hausse des loyers, malgré des résistances, car les artisans et les ouvriers en chambre ont besoin de résider à proximité de leur clientèle. À Paris, le centre et l'ouest s'embourgeoisent ; le nord, l'est et le sud se prolétarisent (Jeanne Gaillard, [146]). Il faut cependant se garder des simplifications hâtives. Le Second Empire et l'haussmannisation ne peuvent être tenus pour seuls responsables de la ségrégation sociale au sein des villes, même s'ils l'accentuent fortement. À Rouen, il est par exemple possible d'opposer un ouest riche à un est pauvre dès l'Ancien Régime (J.-P. Chaline, [129]). En outre, une ségrégation urbaine ne peut jamais être complète à l'intérieur d'une grande ville. Les quartiers bourgeois ont toujours besoin de leurs petits métiers (employés de commerce, vitriers, rémouleurs...) ou de leur domesticité (femmes de chambre, cuisinières, cochers...). Les quartiers aussi populaires que Belleville (80 % d'ouvriers en 1870) comptent aussi leurs patrons, leurs directeurs de services publics, leurs médecins... (Jeanne Gaillard, [146]). Le nombre d'ouvriers qui n'était encore que de 1 300 000 en 1848 atteint 3 millions en 1866 avant de diminuer légèrement par la suite. Le monde ouvrier se diversifie. Entre le typographe qualifié, instruit et bien payé et l'homme de peine sans qualification, déraciné et à la limite de la misère, il existe un abîme mais aussi une infinie variété de professions : artisans des petits ateliers urbains, travailleurs de l'industrie rurale, prolétaires des usines... Que l'on songe simplement aux différences de modes de vie et de comportements entre les mineurs de deux sites pourtant proches, Carmaux et Decazeville (Rolande Trempé, [171]). À l'exception des compagnons des ateliers traditionnels, cette main-d'œuvre est très instable. Pour contrôler ses mouvements, une loi de 1854 tente de redonner vie au livret ouvrier napoléonien tombé en désuétude. Elle n'y parvient pas réellement. Encouragées par Napoléon III, les recherches de Frédéric Le Play et de sa Société d'économie sociale fondée en 1856 permettent de saisir l'ampleur d'un problème ouvrier qu'elles ne peuvent cependant résoudre. À la suite du patronat mulhousien nourri d'esprit réformé (Nicolas Stoskopf, [159]), de nombreux industriels (Schneider, Chagot, Wendel...) développent une politique paternaliste (création d'écoles, de logements, de caisses de secours...) qui peut être définie comme un « instrument de pacification interne de l'entreprise et de garantie de la stabilité sociale » (Louis Bergeron, [89]). Transposition dans le monde de l'industrie des relations du père et de ses enfants ou du notable propriétaire foncier et de ses paysans, le paternalisme ne peut fonctionner que dans les entreprises qui s'incarnent dans la figure de leur patron et qui sont en situation locale de quasi-monopole. S'il connaît de belles réussites, il montre aussi ses limites lors des grandes grèves de la fin de l'Empire. Les compagnies de chemin de fer manifestent le même souci de s'attacher leur main-d'œuvre. En 1870, elles semblent être parvenues à fidéliser leurs 140 000 cheminots par diverses incitations et l'instauration d'un « embryon de culture d'entreprise » (Georges Ribeill, [114]).

Sous le Second Empire, les emplois liés au service de l'État et des collectivités locales sont en plein essor. Très importante pour un régime qui fait souvent la guerre et qui rend le maintien de l'ordre prioritaire, l'armée compte entre 350 000 et 530 000 hommes. Si la gendarmerie ne connaît pas de hausse de ses effectifs, la police fait plus que doubler les siens (de 5 000 à 12 500 hommes) et l'immense majorité des communes emploient désormais un garde champêtre. Sans tenir compte ni des militaires, ni des membres du clergé, salariés en vertu du Concordat, les employés de l'État passent de 122 000 à 265 000 au cours de l'Empire.

Une loi de 1853 leur permet de bénéficier d'une pension à 60 ans, après 30 ans de service. Elle renforce le prestige et l'attrait de la fonction publique (Guy Thuillier, [167]). Avec la cléricature, les petites professions libérales (médecins de campagne, vétérinaires, journalistes...) et les emplois liés à l'essor économique (métiers de la banque, du commerce, des transports...), elle constitue l'un des moyens privilégiés pour les enfants des milieux populaires d'accéder aux classes moyennes et à la petite bourgeoisie.

Cependant, la société du Second Empire n'autorise pas une grande mobilité verticale (Christophe Charle, [130]). Certes, les couches supérieures sont soumises naturellement ou accidentellement à l'érosion (extinction d'une famille, absence d'héritier, faillite...) et appellent un renouvellement. Il est toujours possible par des qualités hors du commun ou beaucoup de chance de gravir l'échelle sociale et d'atteindre les sommets, mais l'ascension sociale (comme d'ailleurs la déchéance) se produit en général sur plusieurs générations. Ainsi, le grand filateur normand et député Pouyer-Quertier est le petit-fils d'un paysan tisserand du pays de Caux, mais son père devenu marchand-fabricant lui a légué un important capital (J.-P. Chaline, [129]). Même dans l'industrie et les affaires, secteurs privilégiés des ascensions rapides (l'industriel Cail est fils de charron et ancien apprenti chaudronnier ; fils d'un chapelier, Boucicaut a débuté comme petit commis avant de fonder *Le Bon Marché*) (Louis Bergeron, [89]), la figure du fils de ses œuvres reste rare [159]. Dans l'armée, les cas d'officiers supérieurs sortis du rang (Bazaine, fils illégitime d'un officier et d'une lingère, qui obtient le bâton de maréchal grâce à l'expédition du Mexique...) sont exceptionnels (William Serman, [165] et Ronald Zins, [240]). Toutes les recherches prosopographiques montrent que les élites du Second Empire se caractérisent par la faiblesse de leur ouverture sociale, quelles que soient d'ailleurs

leurs modalités particulières de recrutement ([163], [50], [83], [60], [165] et [33]). Quelques cas montés en épingle par un régime soucieux de prouver qu'il donne sa chance aux plus entreprenants et aux plus doués ne doivent donc pas nous abuser. Moyennant quelques aménagements (effacement d'une noblesse d'Ancien Régime largement légitimiste qui s'enferme dans une politique d'abstention, réaffirmation de la noblesse impériale), la « sphère du recrutement social » des dominants correspond toujours au milieu des notables d'origine aristocratique ou bourgeoise (Christophe Charle, [130] et Natalie Petiteau, [161]).

Le système scolaire conforte la domination des élites. Il comporte alors deux niveaux distincts. Le premier est destiné au peuple et se limite le plus souvent à l'école primaire. Jugé contraire à la liberté des parents et à l'autorité du père de famille, le principe de l'obligation scolaire n'a pas été retenu. La plupart des enfants des milieux modestes continuent donc d'être mis très tôt au travail dans les champs, les ateliers, les manufactures ou les mines pour satisfaire les besoins familiaux. Néanmoins, les efforts entrepris à la fois par l'État et par l'Église permettent de faire reculer sensiblement l'illettrisme. Le taux d'analphabétisme des adultes qui est encore supérieur à 40 % en 1852 chute à 30 % en 1870 avec cependant de très grands écarts entre les hommes et les femmes, entre les villes et les campagnes, entre la France industrialisée et celle qui ne l'est pas (J.-C. Toutain, [168]). En général, le niveau d'instruction d'un fils du peuple ne va pas au-delà, à moins que, repéré pour ses aptitudes exceptionnelles par son instituteur ou son curé, l'enfant ait eu la possibilité d'obtenir une bourse pour poursuivre ses études. La tentative d'Hippolyte Carnot, au début de la Deuxième République, pour démocratiser l'enseignement secondaire et supérieur et pour valoriser le mérite a fait rapidement long feu. Issu lui-même d'un milieu modeste, Victor Duruy, qui devient ministre de l'Instruction publique en juin 1863, développe les cours du soir et le primaire supérieur. Il crée aussi un enseignement secondaire spécial plus adapté aux nouveaux besoins de l'économie et plus ouvert socialement. Ces nouvelles filières connaissent un réel succès, mais ne remettent pas en cause les fondements du système scolaire. Au demeurant, la majorité des pères ambitionnent que leurs fils reprennent leur activité. Comme le note Patrick Harrigan, les stratégies éducatives basées sur une volonté d'ascension sociale demeurent très rares [210]. Un grand nombre de notables qui se destinent à la gestion de leur domaine et à l'exercice de mandats locaux continuent de privilégier l'éducation au château avec précepteurs et répétiteurs et l'apprentissage de leur futur rôle social par imprégnation (fréquentation des salons, conversations mondaines, initiation aux pratiques clientélistes). Ce mode formatif constitue encore un accès privilégié pour de nombreux postes à responsabilité comme ceux du corps diplomatique. Mais la détention d'un capital scolaire devient de plus en plus nécessaire pour se maintenir dans les sphères dirigeantes. Les élites du Second Empire ont majoritairement fréquenté le réseau qui mène des « petites classes » des établissements secondaires publics ou confessionnels aux facultés de droit ou aux grandes écoles. Celui-ci constitue à leurs yeux la meilleure des propédeutiques aux fonctions dirigeantes, tout en assurant la culture nécessaire aux « honnêtes hommes » et en demeurant une barrière sociale efficace (le secondaire n'est toujours fréquenté que par 5 % des garçons en âge d'y accéder et ne délivre pas plus de 6 000 baccalauréats par an). Les élites y envoient donc de plus en plus massivement leurs fils.

La noblesse conserve une grande puissance politique et sociale comme en témoigne, par exemple, la part qu'elle occupe parmi les officiers généraux (45 %), dans le corps préfectoral (40 %), au Corps législatif (37 %), dans les conseils généraux de 1870 (27,6 %)

ou au Conseil d'État (25,2 %) ([165], [60], [33], [50] et [83]). Elle « se réinvente », partiellement, « dans l'apprentissage de la modernité » (C.-I. Brelot, [127]). Tout en restant globalement riche, elle est pourtant parfois contrainte de contracter des alliances avec les héritières de la bourgeoisie pour redorer ses blasons (le prince de Polignac épouse la fille de Jules Mirès, le marquis de la Rochelambert celle de Pouyer-Quertier...). Indiscutablement, la bourgeoisie domine la société de l'époque et incarne une forme de modèle au point que les contemporains considèrent le Second Empire comme son âge d'or. Elle est classiquement hiérarchisée en trois strates, une grande bourgeoisie, une moyenne et une petite, dont la première se rapproche de la noblesse et la troisième confine aux classes moyennes, voire au peuple. Elle peut aussi s'analyser en fonction de ses activités et de ses sources d'enrichissement. Une bourgeoisie d'entreprise se décline des sommets de la banque, de l'usine et du négoce jusqu'au monde de l'atelier et de la boutique. Une bourgeoisie du savoir réunit hauts fonctionnaires, magistrats, avocats, scientifiques... Une bourgeoisie de la rente vit de ses revenus fonciers ou boursiers. Malgré sa profonde diversité, le groupe présente néanmoins une certaine homogénéité et se laisse définir (Adeline Daumard, [137]). Est bourgeois, celui qui a du bien et qui ne vit pas au jour le jour (4 000 francs de revenus annuels en province et 5 000 à Paris, soit environ dix fois ce que gagne un ouvrier, est considéré comme un minimum). Mais l'argent ne suffit pas, l'usage qu'on en fait et la façon dont on en vit importent plus encore. Les bourgeois partagent des valeurs communes : le culte de la propriété qui incite, par exemple, nombre de ces patrons rouennais, étudiés par Jean-Pierre Chaline, à ne voir dans leur usine qu'un moyen d'accéder à la terre [129], l'attachement à l'ordre mais aussi à la liberté et au progrès, le souci de la respectabilité, la recherche de la considération sociale, le besoin de se faire servir (la domesticité comprend 1 311 000 femmes et 892 000 hommes en 1866), le port d'un « uniforme d'orgueil » (redingote, gants et haut-de-forme) [142], une forme d'austérité et, par-dessus tout, une éthique du travail, de l'épargne et de la famille. Dans cette société misogyne où l'infériorité féminine est proclamée par la science (physiologistes...), par la philosophie (de Comte à Proudhon) et par le *Code civil* (l'épouse vit dans l'étroite dépendance de son mari...), la femme moderne et émancipée, incarnée par George Sand et décrite par les frères Goncourt dans *René Mauperin,* est abhorrée [140]. À l'exception des filles du peuple (employées de magasin, domestiques, ouvrières, paysannes, prostituées...), des épouses de patrons contraintes de prendre la succession de leur mari (Anne-Rosine Noilly-Prat...) et des religieuses, les femmes doivent nécessairement s'épanouir dans une vie de famille agrémentée parfois d'un rôle de représentation (tenue d'un salon...). Les résistances que les élites opposent à l'instauration d'un enseignement féminin par Victor Duruy et le soutien qu'elles apportent en la circonstance à l'Église n'ont donc rien de surprenant.

Les religions entre doutes et certitudes

Le protestantisme ne représente que 2,3 % de la population sous le Second Empire. Les 550 000 réformés vivent surtout au sud de la Loire (Poitou, Charentes, vallées de la Garonne et du Rhône, Cévennes) et les 300 000 luthériens plutôt au nord (Alsace, pays de Montbéliard, région parisienne et basse Seine). Ils sont le plus souvent paysans, secondairement artisans ou ouvriers, mais il existe aussi une importante bourgeoisie protestante dans des villes comme Paris, Nîmes ou Strasbourg. La religion juive est encore plus minoritaire puisqu'elle ne concerne, au mieux, que les 0,2 % de Juifs qui vivent alors en France : les ashkénazes d'Alsace et de Lorraine, assez pauvres, peu instruits et plutôt mal intégrés, les sépharades du Midi (Bordeaux, Avignon, Carpentras...), descendants de Juifs portugais et espagnols, plus urbains, plus riches et mieux intégrés, et une communauté parisienne beaucoup plus mêlée, comprenant un quart des 75 000 Juifs. Malgré ces faibles effectifs, quelques réussites spectaculaires comme celle des Pereire, ajoutées aux préjugés, provoquent des poussées d'antisémitisme, en particulier lors des élections législatives de 1863 et de 1869 (Éric Anceau, [33]). Quant à la part de ceux qui osent se dire athées et libres-penseurs, elle est infime, quoique difficilement quantifiable.

Le catholicisme est bien alors « la religion de l'immense majorité des Français », comme l'affirme le Concordat de 1801. En dépit de la laïcisation de la société, provoquée par la Révolution, il reste omniprésent. La vie du peuple catholique est imprégnée de religion, de la naissance à la mort (baptême, eucharistie, mariage, confessions, extrême-onction) et du lever au coucher du soleil (calendrier grégorien, fêtes chômées, journées rythmées par les « cloches de la terre »). En outre, le clergé continue de prendre partiellement en charge de nombreux services publics (assistance aux pauvres et aux malades, enseignement, en particulier depuis les lois Parieu et Falloux). S'il convient de tenir compte de motivations parfois fort éloignées de la religion (sécurité matérielle et promotion sociale pour les humbles, possibilité pour les ruraux de ne pas rompre avec leur milieu d'origine, espoir pour les femmes d'occuper des responsabilités), les vocations sont alors très nombreuses. Avec en moyenne près de 1 500 ordinations sacerdotales par an, le clergé séculier rajeunit de façon spectaculaire (moins de 6 % de plus de 60 ans contre plus de 40 % au début de la Restauration). Sa croissance est très supérieure à celle de la population et le taux d'encadrement des fidèles atteint des sommets (14 prêtres pour 10 000 habitants). Par ailleurs, les ordres religieux anciens profitent de leur réorganisation de la première moitié du siècle. De nouveaux ordres, davantage tournés vers les problèmes de la société moderne, apparaissent (Assomptionnistes du père d'Alzon, Servantes-de-Marie-de-Blois...). L'essor des congrégations féminines est particulièrement fort et aboutit à une féminisation de l'Église (Claude Langlois, [191]). Au total, le clergé séculier compte 55 000 membres à la fin de l'Empire, les congrégations masculines 15 000 et les féminines près de 100 000. De nombreux laïcs s'engagent aussi au service de leur foi (Société Saint-Vincent-de-Paul et autres œuvres charitables du même type, conseils de fabrique...), parfois même au péril de leur vie (enrôlement dans les zouaves pontificaux pour défendre la papauté). Le recul progressif d'un rigorisme gallican qui met l'accent sur les risques de la damnation devant un liguorisme ultramontain insistant davantage sur le pardon, la sévérité moindre du clergé à l'égard de formes de religiosité proches de la superstition, la sollicitude manifestée par certains prêtres comme Jean-Marie Vianney, curé d'Ars, à l'égard des aspirations des humbles, donnent aux fidèles le sentiment que l'Église se tourne davantage vers eux (Philippe Boutry, [177]). La piété populaire est indiscutable, comme l'attestent la dévotion au Christ (multiplication des chemins de croix et des calvaires...), l'immense succès du culte marial (développement immédiat de pèlerinages après les apparitions de La Salette en 1846 et de Lourdes en 1858, proclamation du dogme de l'Immaculée Conception en 1854, essor des confréries du Rosaire...) ou encore la ferveur autour des moindres reliques du curé d'Ars, mort en 1859.

Cependant, se dire catholique ou être considéré comme tel, ne signifie pas pour autant croire en la religion. C'est parfois plus par habitude ou par crainte que par conviction que l'on pratique et que l'on se fait administrer les sacrements. Aux pays de foi et de forte observance que sont la Bretagne, le sud du Massif Central et l'Est, s'opposent de nombreuses régions, beaucoup moins croyantes et pratiquantes, telles que la Bourgogne, l'ouest du Massif central ou l'Orléanais (Michel Lagrée, [189] et Christiane Marcilhacy, [194]). En outre, l'exode rural et l'urbanisation éloignent de la religion un nombre croissant de Français, comme Alain Corbin l'a par exemple constaté à propos des Limousins montés à Paris [132]. Notons d'ailleurs que le phénomène est beaucoup plus prononcé chez les hommes que chez les femmes. Les tentatives pour christianiser les sceptiques ou rechristianiser les déracinés et tous ceux qui ont changé radicalement de mode de vie s'avèrent difficiles et souvent infructueuses, en dépit d'efforts remarquables, tels ceux de Mgr Dupanloup dans le diocèse d'Orléans (Pierre Pierrard, [162], Marcel Launay [192] et Christiane Marcilhacy, [194]).

L'évolution du monde moderne suscite des débats au sein des différentes religions et les divise entre des courants traditionalistes et libéraux. Ne disposant d'aucune autorité suprême à leur tête, le protestantisme et le judaïsme ne peuvent trancher la question. Le pape s'en charge en revanche pour le catholicisme. Choqué que le positivisme ait érigé la science en religion de l'avenir, que les travaux de Darwin sur l'évolution des espèces remettent en cause la Genèse ou encore que ceux de Renan nient la divinité du Christ, Pie IX réagit, en décembre 1864, par l'encyclique *Quanta Cura* et son document d'accompagnement, le *Syllabus*. D'une violence rare pour un texte pontifical, celui-ci recense les 80 « principales erreurs » du temps : le rationalisme, l'indifférentisme, le panthéisme, la laïcisation des institutions et des mœurs, la démocratie, le socialisme, la franc-maçonnerie ou encore « l'esprit du siècle », selon lequel le souverain pontife devrait « se réconcilier et transiger avec le progrès, le libéralisme et la civilisation moderne ». Cette prise de position

L'église de la Major, à Marseille.
(Photo Jean-Loup Charmet)

avive un anticléricalisme déjà très fort depuis que l'Église a décidé, sous la Deuxième République, de se ranger délibérément du côté de l'ordre politique et social.

Comme nous l'avons vu, le clergé a soutenu massivement le coup d'État du 2-Décembre et les premières années du nouveau régime ont été celles d'une alliance étroite entre le trône et l'autel. D'une part, les prêtres dénonçaient les menées subversives dont ils avaient connaissance, les évêques demandaient dans leurs mandements des prières pour le gouvernement et Pie IX devenait le parrain du prince Impérial. De l'autre, l'Église obtenait de multiples avantages : hausse du budget des cultes de 11 % entre 1851 et 1859, aide publique à la restauration ou à la construction d'églises (achèvement de la Major et commencement de Notre-Dame de la Garde à Marseille...), autorisation libérale des congrégations et des processions, application stricte de la loi Falloux, création du diocèse de Laval et de l'archevêché de Rennes... Mais nous avons aussi observé que les relations entre les deux pouvoirs se sont fortement dégradées à la suite de la guerre d'Italie et de la politique italienne de l'empereur. La volonté de Duruy de restreindre l'enseignement congréganiste et d'imposer des cours pour les jeunes filles envenime encore la situation (Jean Maurain, [195]). Une détente très sensible intervient cependant dans les dernières années de l'Empire avec les nouveaux engagements de la France à l'égard de Rome, le départ de Duruy et la neutralité adoptée par le gouvernement entre gallicans et ultramontains, lors du concile du Vatican (J.-O. Boudon, [176]). Ce premier concile général depuis celui de Trente au XVIe siècle proclame le dogme de l'infaillibilité pontificale dans sa constitution du 18 juillet 1870. Alors que le pape va perdre sa puissance temporelle dans quelques semaines (les Italiens s'emparent de Rome le 20 septembre), son autorité spirituelle n'a jamais été aussi forte. La fermeté du *Syllabus*, le triomphe de l'ultramontanisme et la sacralisation de la papauté sont trois formes d'une même réponse à la trahison du temps.

*La pensée, les lettres et les arts
entre conformisme et révolution*

À l'exception du saint-simonisme triomphant et de Proudhon, très actif jusqu'à son décès en 1865 (*De la justice dans la révolution et dans l'Église* date de 1858, *Du principe fédératif* de 1863) et qui continue d'exercer une grande influence sur l'élite ouvrière (*De la capacité politique des classes ouvrières,* publié l'année même de sa mort, est qualifié par Georges Gurvitch de « catéchisme du mouvement ouvrier français »), le socialisme utopique ne survit guère à la Deuxième République. Le très rassurant éclectisme de Victor Cousin, qui s'efforce de synthétiser les anciens systèmes de pensée en leur empruntant ce qu'ils ont de meilleur, a été la philosophie officielle de la monarchie bourgeoise de Louis-Philippe. Sans être aussi puissant sous le Second Empire, il reste en faveur dans l'Université française et séduit toujours une partie des élites. C'est cependant le positivisme qui domine alors indéniablement la pensée française. Après avoir posé les bases de sa doctrine dans le *Cours de philosophie politique* (1830-1842), Auguste Comte publie les quatre volumes de son *Système de politique positive* entre 1851 et 1854. Selon lui, la société a réussi à se dégager de l'emprise de la théologie puis de la métaphysique et s'achemine désormais vers l'âge positif, celui de sa plénitude. En s'appuyant sur le réel, c'est-à-dire sur les lois scientifiques vérifiées par l'expérience, et en allant toujours vers l'utile, la philosophie de l'ordre et du progrès fera triompher l'harmonie entre l'individu, son entourage et son environnement. Après la mort du maître, en 1857, ses disciples se divisent. Tout en l'interprétant librement et en l'orientant à gauche, Littré

Pierre Joseph Proudhon (1809-1865).

vulgarise le positivisme. Cette philosophie influence la philologie (le *Dictionnaire de la langue française* de Littré commence à paraître en 1863), la littérature et, tout particulièrement, la critique littéraire (Sainte-Beuve, Taine), l'histoire (*La Cité antique* de Fustel de Coulanges date de 1864) et, bien évidemment, les sciences expérimentales (le traité fondamental du physiologiste Claude Bernard, *Introduction à l'étude de la médecine expérimentale,* est publié en 1865). En proposant une alternative à l'enseignement universitaire, alors très mondain et peu méthodique, l'École pratique des Hautes Études, fondée en 1868 par Victor Duruy, donne, elle aussi, la priorité à la recherche et à l'érudition. Les sociétés savantes participent du même mouvement. Elles sont alors dans une période d'intense développement (200 créations environ, contre seulement une soixantaine de disparitions, pour aboutir à un total de 470 sociétés en 1870, avec quelques pôles dominants : Paris, grandes métropoles de province, France du Nord-Ouest et de l'Est) et d'organisation (congrès annuel à partir de 1861). Tout en étant des espaces essentiels de la sociabilité notabiliaire (J.-P. Chaline, [203]), elles multiplient les travaux d'érudition dans des domaines extrêmement variés (agronomie, histoire, médecine...). Émergent d'une structure foncièrement égalitaire, quelques grandes figures comme le Normand Arcisse de Caumont, grand spécialiste de l'archéologie (Françoise Bercé, [215]).

Sous le Second Empire, le domaine des lettres et des arts est l'un des terrains privilégiés de l'affrontement entre l'ordre et le mouvement. Arbitres de cette lutte, l'État, les Académies et les élites tranchent presque systématiquement en faveur du conformisme sur les novations de toutes sortes. Par éducation, souci de la respectabilité et dégoût du désordre, les commanditaires et le public donnent leur préférence aux valeurs sûres, tel Ingres en peinture. La disparition du grand mécénat éclairé condamne les artistes et les hommes de lettres à adopter les canons classiques et à suivre la mode pour gagner leur vie et être honorés. Relancé par l'« esprit de 1848 », alors qu'il était déjà sur le déclin, le romantisme vit ses derniers feux. Cependant, il ne s'efface que progressivement (mort de Musset en 1857, de Vigny en 1863, de Lamartine en 1869) et donne encore des chefs-d'œuvre (Michelet achève son *Histoire de la Révolution* en 1853, sa *Bible de l'Humanité* en 1864 et son *Histoire de France* en 1869 ; Hugo publie *Les Contemplations* en 1856, *La Légende des siècles* en 1859, *Les Misérables* en 1862...). Comme le courant n'est plus d'avant-garde, certains de ses maîtres accèdent enfin à la reconnaissance publique (Berlioz entre à l'Institut en 1856, Delacroix en 1857). L'art dominant est académique et éclectique. En architecture, le Second Empire est à la fois une époque où l'on fait une vaste revue du passé, mais aussi quelques concessions au modernisme. L'œuvre de Viollet-le-Duc témoigne de la vogue du néo-gothique (Carcassonne, Notre-Dame, Pierrefonds) (Bruno Foucart, [215]) ; celles de Baltard (Halles) et de Labrouste (Bibliothèque Impériale) de l'utilisation des structures métalliques. Même s'il n'est pas achevé à la chute de l'Empire, l'Opéra de Garnier est certainement le monument le plus représentatif de la période par son mélange des genres. En peinture, les « gardiens du temple académique » s'appellent Winterhalter, Flandrin, Meissonier et leurs cadets Cabanel, Gérôme et Bouguereau. Ils s'illustrent dans les sujets mythologiques, les scènes de batailles ou les portraits et triomphent au Salon. En sculpture, l'animalier Barye séduit. En musique, Meyerbeer, Auber et, dans un style plus léger, Offenbach ont les faveurs de la critique et du public. En littérature, le sentimentalisme fait du *Roman d'un jeune homme pauvre* d'Octave Feuillet le plus grand succès de l'époque. Tout en égratignant parfois la bourgeoisie, les pièces de Labiche et d'Augier ne dépassent pas la limite de ce qui est permis et sont, de ce fait, très applaudies. Significativement, l'un des plus hauts responsables de l'enseignement supérieur, Nisard, encense le classicisme et condamne la plupart des œuvres originales dans son *Histoire de la littérature française*.

Certains artistes et écrivains décident de lutter contre ce conformisme ambiant en recherchant « l'art pour l'art » dans des œuvres raffinées. En 1852, Théophile Gautier et Leconte de Lisle ouvrent la voie avec, respectivement, *Émaux et Camées* et *Poèmes antiques*. À la fin de l'Empire, ils retrouvent la génération des jeunes poètes (Mallarmé, Verlaine...) dans le Parnasse. Il est cependant d'autres contestations plus radicales et plus dangereuses pour l'ordre établi. Le réalisme, dont les premiers chefs de file sont Courbet en peinture et Champfleury en littérature, entend montrer le monde tel qu'il est, sans faire de concession ni à l'esthétisme, ni aux conventions sociales. En 1857, le « modèle du roman réaliste », *Madame Bovary* de Flaubert, est poursuivi pour « outrage à la morale publique et religieuse et aux bonnes mœurs » et échappe de peu à la condamnation. Quelques mois plus tard, le substitut Pinard est plus heureux puisqu'il obtient, sur le même chef d'accusation, l'interdiction d'une partie des *Fleurs du Mal* de Baudelaire. Si Courbet, l'« apôtre du laid », et Millet, le « calomniateur des campagnes », choquent déjà, une révolution picturale remettant en cause l'idéal peint depuis la Renaissance est en marche. Grâce à des découvertes scientifiques (décomposition de la lumière par le prisme) et des progrès techniques (tubes de peinture), quelques artistes (Manet, Pissarro...) choisissent de privilégier le plein air sur l'atelier, la couleur sur le dessin, l'impression d'ensemble sur l'exactitude des détails, la subjectivité sur le sujet. Alors que l'Académie refuse d'admettre leurs toiles au Salon, Napoléon III, plus ouvert, autorise un « Salon des Refusés », en 1863. *Le Bain (Le Déjeuner sur l'herbe)* de Manet y fait scandale, mais

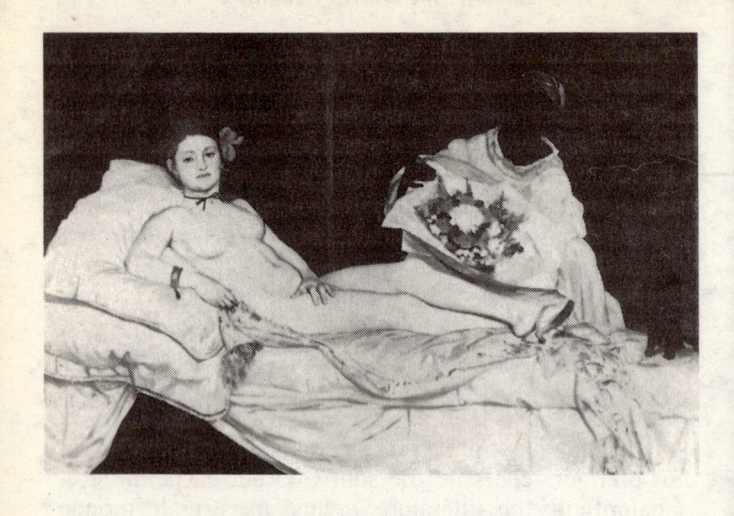

L'*Olympia* d'E. Manet (1863).
Musée d'Orsay, Paris.
(Archives Hachette - L.G.F.)

le mouvement est lancé. De nouveaux talents illustrent bientôt l'essor de l'art nouveau : Sisley, Monet, Renoir, Degas. En 1868, dans un article du *Figaro,* Louis Ulbach fustige tour à tour *Germinie Lacerteux* des Goncourt, *Thérèse Raquin* de Zola, l'*Olympia* de Manet et *L'Origine du monde* de Courbet. En y voyant « la débauche lassée et l'anatomie crue », il ne fait que traduire le sentiment de la majorité des Français. L'année suivante, un spectateur lance une bouteille d'encre sur *La Danse*, le groupe que Carpeaux a sculpté pour la façade de l'Opéra. En signe d'ouverture, l'Empire propose bien, en 1870, la Légion d'honneur à Daumier et Courbet, mais les deux artistes la refusent. Les ponts sont rompus depuis longtemps entre la majeure partie de l'avant-garde et les élites dirigeantes. Depuis plusieurs mois déjà, Zola a entrepris de dénoncer les tares du régime dans une fresque naturelle et sociale, les Rougon-Macquart.

Les loisirs des Français à l'heure de la fête impériale

La légende noire du Second Empire s'est en partie construite sur l'existence d'une fête impériale somptueuse, dispendieuse et insouciante. Dès 1852, une Cour se forme aux Tuileries. Si Napoléon III est un homme simple, il s'inspire de son oncle et considère, comme lui, qu'il en va du prestige de la France et de la bonne santé de l'industrie et du commerce de luxe. Contrastant avec la Cour austère de la monarchie de Juillet, celle de l'Empire brille par la variété de ses divertissements et de ses réceptions, depuis les grands bals des Tuileries, avec plus de 4 000 invités, jusqu'aux lundis de l'impératrice et aux séries de Compiègne, beaucoup plus intimes. Si elle réunit une partie de l'élite intellectuelle de la nation et même de la planète car elle est très cosmopolite, la Cour impériale attire aussi de nombreux parvenus. Boudée par les opposants politiques (grandes familles légitimistes du

*L'impératrice Eugénie entourée
de ses dames d'honneur,*
par F.-X. Winterhalter. Musée du Louvre, Paris.

faubourg Saint-Germain...), elle est, en revanche, fréquentée assidûment par la noblesse d'Empire subsistante dont elle permet le retour dans les plus hautes sphères du pouvoir (Natalie Petiteau, [161]). Les élites se retrouvent dans les salons proches du régime (celui de la princesse Mathilde, celui du prince Napoléon) ou dans ceux de l'opposition, mais aussi dans les cercles et les clubs (Jockey Club, Cercle Impérial...). Elles se rendent à Biarritz qu'affectionne l'impératrice ou à Deauville, lancée par Morny pour les bains de mer. Elles vont à Vichy, embellie par Napoléon III et devenue incontestablement la reine des 150 villes d'eaux françaises, voire à Bade, en Allemagne, pour y faire une cure thermale.

Grâce à la croissance globale du niveau de vie et au gonflement de la bourgeoisie et des classes moyennes, la fête impériale ne profite pas seulement aux élites. Une civilisation des loisirs, du plaisir et de l'ostentation est en train de naître à Paris (Alain Corbin, [206]). Comme le chantent alors les interprètes de *La Vie parisienne* d'Offenbach : « Du plaisir à perdre haleine, oui voilà la vie parisienne ». Les centaines de spectacles quotidiens (pièces de théâtre, opéras, opérettes, concerts divers), les ventes aux enchères, les cafés (Café Anglais, Café Riche) et les restaurants (Véry, les Frères Provençaux) ne désemplissent pas. Avec les nouveaux hippodromes de Longchamp et de Vincennes et des rendez-vous prestigieux, comme le grand Prix de Paris, fondé en 1863, à l'initiative de Morny, la vogue des courses de chevaux est sans précédent. De son côté, le vélocipède connaît un succès de curiosité dans les dernières années de l'Empire. Des rites prennent de l'importance, telle la promenade aux Champs-Élysées et vers ses prolongements du bois de Boulogne (J.-P. Chaline, [204]). Comme l'ordre social engendre aussi la frustration, la prostitution se développe (Alain Corbin, [133]). L'exemple vient d'en haut avec les « petits plaisirs » de Napoléon III (entendons ses maî-

Adolphe Thiers (1797-1877)

tresses, dont Marguerite Bellanger) et aucune classe n'y échappe. Cela entraîne une véritable hiérarchisation de la prostitution, depuis le demi-monde et les femmes entretenues qui ont obtenu leur hôtel particulier (Cora Pearl, la Païva) jusqu'aux filles du peuple (pierreuses des barrières, serveuses des cabarets louches, ouvrières faisant le « cinquième quart de leur journée »), en passant par les courtisanes et par les grisettes que l'on emmène parfois le dimanche à la campagne, pour y canoter et y déjeuner. Que l'on songe, une nouvelle fois, au célèbre tableau de Manet. Avec l'essor des chemins de fer, les Parisiens goûtent aussi aux joies des villégiatures provinciales. La collection des *Guides Joanne* et, plus largement, tous les guides touristiques figurent parmi les grands succès de librairie de l'époque. En sens inverse, des trains entiers amènent étrangers et provinciaux dans la capitale. L'Exposition universelle de 1855 attire ainsi 5 millions de visiteurs et celle de 1867, plus de 9 millions.

Tout en considérant Paris comme la ville de toutes les perditions, la « nouvelle Babylone », la « moderne Sodome », le provincial est fasciné par la « ville lumière », le « théâtre du sacre de la modernité ». En comparaison, la province évoque un « lieu d'hibernation » dont les habitants seraient condamnés à « tuer le temps » (Alain Corbin, [215]). Les élites doivent s'y contenter des réceptions de la préfecture ou de la sous-préfecture et la plupart des bourgeois, de leurs « jours », où ils reçoivent avec ostentation, dans leur salon meublé en « Louis XVI » où trônent leur canapé et leur piano et dans leur salle à manger en style Henri II, munie de son argenterie en ruolz. Les ruraux continuent de fréquenter leurs espaces de sociabilité traditionnels : le cabaret, le cercle, la forge et, périodiquement, le marché ou la foire. Par ailleurs, avec 3 243 sociétés et 147 000 membres en 1868, les chorales connaissent un apogée sous le Second Empire. Malgré le déclin de la littérature de colportage (de 9 millions de volumes en

1847 à 2 millions en 1870) dû, pour partie, à la peur des autorités de voir diffusés des écrits subversifs, les ruraux achètent de plus en plus de journaux et de romans populaires chez le marchand du bourg ou dans les nouvelles librairies de gare d'Hachette (J.-J. Darmon, [207] et [198]). Alors que le français n'est encore parlé couramment que dans les trois cinquièmes des communes et que de nombreux folklores restent très dynamiques, le pouvoir s'inquiète d'une possible disparition des cultures traditionnelles et lance une grande enquête nationale sur le sujet. En outre, plusieurs mouvements s'attachent à préserver les langues et les coutumes, tel le Félibrige provençal, né en 1854, autour de Roumanille et de Mistral.

Mais le plus puissant vecteur de déculturation des ruraux est bien l'exode vers la ville. En milieu urbain, la sensibilité populaire trouve de nouveaux canaux d'expression. Outre l'assommoir, le cabaret, où ils viennent s'assommer d'alcool pour oublier les tracas du quotidien et les incertitudes de l'avenir, les ouvriers peuvent se rendre dans les bals populaires, dont le plus célèbre est toujours le bal Mabille, les fêtes foraines, les cirques et les cafés-concerts comme l'Alcazar, l'Eldorado ou le Bataclan. Thérésa y triomphe. Ses chansons sont reprises dans la rue où l'on entend aussi, pour la première fois en 1866, *Le Temps des cerises* de Jean-Baptiste Clément. Trois ans plus tôt, le lancement du *Petit Journal* par le banquier Millaud a marqué l'avènement de la presse populaire. Quotidiens non politiques et qui évitent donc caution, affranchissement et suspension, les titres de la nouvelle presse attirent un lectorat massif (dès 1865, *Le Petit Journal* dépasse les 260 000 exemplaires, grâce à l'utilisation de la presse rotative de Marinoni) par un prix attractif (5 centimes), des romans-feuilletons et des nouvelles à sensation (l'affaire du crime de Pantin tient toute la France en haleine pendant quatre mois jusqu'à l'exécution du meurtrier Troppmann, en janvier 1870) ([198]

et Pierre Drachline, [139]). À l'occasion, culture de l'élite et culture de masse peuvent se mêler. Dès 1856, Michel Lévy met des livres de qualité à la portée de toutes les bourses (1 franc le volume) (Jean-Yves Mollier, [270]) et les bibliothèques ouvrières connaissent une énorme fréquentation à la fin de l'Empire. Le succès des récits d'aventures de Paul Féval (*Le Bossu* en 1858), des livres d'imagination scientifique de Jules Verne (*Cinq Semaines en ballon* en 1863), des romans historiques d'Erckmann-Chatrian (*Histoire d'un conscrit de 1813* en 1864) ou des policiers d'Émile Gaboriau (*Monsieur Lecoq* en 1868) dépassent largement les milieux populaires. Dès 1852, le régime s'est efforcé de faire du 15 août, jour de la Saint-Napoléon, une fête nationale et de cohésion sociale mobilisant toutes les formes de culture (représentations théâtrales gratuites, défilés militaires, bals populaires...) (Bernard Ménager, [67] et Rosemonde Sanson, [205]). Jusqu'aux années 1864-1865, l'entreprise est une indéniable réussite, en particulier en 1859, avec le retour de l'armée d'Italie. Il n'en est plus de même dans le climat tendu des dernières années de l'Empire. C'est ainsi que la célébration du centenaire de la naissance de Napoléon Ier, en 1869, qui se voulait grandiose, est en partie gâchée par l'indifférence de beaucoup et l'hostilité de quelques-uns.

VII

DU DÉCLIN À LA CHUTE DE L'EMPIRE

*Les hésitations de la politique impériale
et les difficultés internationales*

Au milieu des années 1860, la santé du souverain se dégrade rapidement. S'ajoutant aux excès de la fête impériale, la maladie de la pierre (présence d'un caillou dans la vessie) fait de plus en plus souffrir Napoléon III. Le mal, qui a été diagnostiqué tardivement, nécessiterait une opération, mais l'empereur ne peut s'y résoudre. Malgré quelques retours apparents de santé avec les traitements de choc qu'on lui administre, il ne peut plus travailler aussi assidûment que par le passé. Il s'en remet davantage aux influences contradictoires de son entourage. S'il nomme Walewski pour succéder à Morny, à la présidence du Corps législatif, en septembre 1865, ce qui peut apparaître comme un geste à l'égard des libéraux, il rappelle toutefois, à l'ouverture de la session de 1866, qu'il y aurait un grand danger à poursuivre hâtivement les réformes politiques. Le sénatus-consulte du 18 juillet 1866 étend légèrement la faculté d'amendement de l'Assemblée, mais précise que « toute discussion ayant pour objet la critique ou la modification de la Constitution » reste interdite.

C'est cependant en politique étrangère que le manque croissant de discernement du souverain et l'affaiblissement de sa volonté sont les plus nets et ont les plus lourdes conséquences. Quoique douloureux, le désengagement français au Mexique constitue, à cet égard, une exception. L'empereur Maximilien n'a pas d'appui réel dans le pays (il s'aliène même le clergé, les conservateurs et les masses catholiques en confirmant la vente des biens d'Église et en tentant d'imposer un concordat). Seule la présence des 30 000 hommes de Bazaine permet son maintien sur le trône. Napoléon III annonce donc, en janvier 1866, le rappel de l'armée et demande à Charlotte, venue le supplier de rapporter sa décision, de convaincre son mari d'abdiquer. Refusant d'abandonner sa nouvelle patrie, Maximilien est finalement exécuté par les partisans de Juarez, à Queretaro, le 19 juin 1867 (J.-F. Lecaillon, [232]). Dans les affaires italiennes et allemandes que Napoléon III lie, bien à tort, la politique impériale manque, en revanche, nettement de clairvoyance. En Italie, le souverain s'est engagé, par la convention du 15 septembre 1864, à retirer ses troupes de Rome dans les deux ans contre la garantie que le nouveau royaume défendrait le territoire pontifical et renoncerait définitivement à faire de la Ville éternelle sa capitale. Pour rassurer les cléricaux (en avril 1865, 84 députés réclament que l'on garantisse le pouvoir temporel du pape) et tenir ses engagements de Plombières, il envisage de détourner les ambitions italiennes vers la Vénétie autrichienne. Endormi par le chancelier Bismarck qui le connaît bien (il a été ambassadeur en France en 1862), il ne s'oppose ni à la montée de la puissance militaire prussienne, ni au langage agressif de Berlin à l'égard de Vienne dans l'affaire des duchés danois. Il encourage le rapprochement des Italiens et des Prussiens qui aboutit à l'alliance militaire d'avril 1866, obtient des Autrichiens l'assurance de recevoir la Vénétie contre la promesse de sa neutralité et ne s'oppose donc pas au déclenchement de la guerre, le 7 juin suivant. À quelques exceptions près, les États

L'exécution de Maximilien, par E. Manet (1867).
Stadtische Kunsthalle, Mannheim.

allemands de la Confédération germanique soutiennent l'Autriche. La plupart des observateurs croient en une guerre longue et en une victoire de Vienne. Or, la Prusse triomphe rapidement. Elle défait les troupes de la Confédération en quelques jours puis l'armée autrichienne, à Sadowa, le 3 juillet, et entend organiser l'Allemagne sans l'Autriche et à son entier profit. Si le ministre des Affaires étrangères, Drouyn de Lhuys, propose de masser des troupes en Alsace pour la faire reculer, Napoléon III préfère suivre les conseils de prudence de Rouher. Il se contente d'une médiation qui n'empêche pas Bismarck d'obtenir ce qu'il souhaite. La paix de Prague permet à la Prusse de former un État d'un seul tenant, allant de la France à la Russie, de dominer une Confédération constituée par les États d'Allemagne du Nord et de signer des conventions militaires et douanières avec les États d'Allemagne du Sud. Battue par les Autrichiens sur terre à Custozza et sur mer à Lissa, l'Italie s'agrandit cependant de la Vénétie, grâce à Napoléon III. Tel est le seul et bien mince succès français. Selon Thiers, « la honte de Sadowa » fait descendre la France au second rôle. L'indignation publique est telle qu'elle incite Napoléon III à demander des contreparties. Mais cette « politique des pourboires » n'amène que des déconvenues. Dès août 1866, Paris propose secrètement à Berlin un traité d'alliance contre l'annexion de Landau, de Sarrebrück, du Palatinat, de la Hesse rhénane, du Luxembourg et de la Belgique. Après avoir repoussé la réclamation sur les territoires allemands, Bismarck biaise à propos de la Belgique et du Luxembourg (Lotthar Gall, [262]). Au terme d'une crise qui manque de peu de provoquer une guerre franco-prussienne (janvier - mai 1867), le grand-duché du Luxembourg est finalement neutralisé. L'échec français est indéniable.

Au même moment, la plupart des souverains se réunissent autour de Napoléon III pour l'Exposition universelle de Paris. L'image est belle, mais elle est aussi trompeuse. En cas de conflit avec son puissant voisin prussien, la France risque, en effet, de se retrouver totalement isolée. L'Angleterre s'indigne des prétentions françaises sur une Belgique dont elle considère l'intégrité comme vitale pour sa propre sécurité (Christophe Verneuil, [239]). Napoléon III est de plus en plus perçu outre-Manche comme le grand agitateur de l'Europe. Par ailleurs, la perspective d'une alliance franco-russe ne semble plus de mise depuis que l'opinion publique française a soutenu l'insurrection polonaise de 1863 et que Morny est mort. En pleine Exposition, le tsar Alexandre II est interpellé par l'avocat Charles Floquet (« Vive la Pologne, monsieur ! ») puis est victime d'une tentative d'assassinat. La clémence relative de la justice française à l'égard du coupable (il est condamné aux travaux forcés et non à la peine capitale) dissuade définitivement la Russie de conclure un traité avec la France. Du reste, Saint-Pétersbourg n'a pas de grief contre la Prusse qui ne s'intéresse pas aux Balkans et qui l'a même appuyée dans l'affaire polonaise. De son côté, l'Autriche reproche à Napoléon III sa politique italienne et sa neutralité bienveillante à l'égard de la Prusse en 1866. De plus, l'échec de la politique des compensations a éloigné du pouvoir le principal promoteur du rapprochement franco-autrichien, Drouyn de Lhuys. Les relations très cordiales entre François-Joseph et Eugénie ne suffisent pas à lever les préventions réciproques. Il reste donc l'Italie, pour laquelle Napoléon III a tant fait, mais dont il attend maintenant qu'elle applique la « convention du 15 septembre ». Or, à l'automne 1867, une insurrection éclate à Rome contre le pape. Garibaldi et ses « chemises rouges » décident d'aller soutenir les insurgés. L'empereur envoie aussitôt une division qui écrase les troupes garibaldiennes à Mentana, aux portes de la Ville éternelle, le 3 novembre. Comme le général de Failly le câble à l'empereur, les nouveaux fusils français, les « chassepots », ont fait merveille. S'il s'agit de montrer que les Français disposent d'une arme aussi bonne que le fusil prussien, la formule est malheureuse. L'indignation est immense en Italie. « Mentana a tué Magenta. » Au Corps législatif, le 5 décembre, Rouher se laisse entraîner : « Nous le déclarons au nom du gouvernement français, l'Italie ne s'emparera pas de Rome !... Jamais, la France ne supportera pareille violence à son honneur et à sa catholicité ». Jadis promoteur de l'unité italienne, l'empereur est désormais le seul obstacle à son achèvement. Les relations se détendent avec le pape. En revanche, elles se brouillent définitivement avec un royaume d'Italie qui apparaît maintenant davantage comme un nouveau danger au flanc de la France que comme un allié potentiel. Dans cet environnement hostile, Napoléon III concède que « des points noirs ont surgi à l'horizon ». Des réformes s'imposent.

Les réformes des années 1867-1868 et leurs limites

La lettre impériale du 19 janvier 1867 qui annonce de grandes réformes politiques a un double objectif : détourner les esprits des inquiétudes extérieures et obtenir davantage de soutien à l'intérieur. Le droit d'interpellation, « sagement réglementé », remplace l'adresse. En vertu d'une délégation spéciale, les ministres peuvent désormais paraître devant les Chambres lors des discussions qui intéressent leur administration. Des projets de loi visant à libéraliser le régime de la presse et le droit de réunion sont annoncés. Quelques jours plus tard, la tribune est rétablie au Palais-Bourbon. La portée de ces mesures est considérable. Néanmoins, comme le dit lui-même Napoléon III, elles achèvent « le couronnement de l'édifice ». En d'autres termes, il n'est pas question d'aller plus loin. Le sénatus-consulte du 14 mars accorde au Sénat un veto suspensif sur les textes votés par le Corps législatif. En outre, la composition du

Eugène Rouher (1814-1884).
Collection particulière.

nouveau gouvernement a de quoi décevoir. Elle amène peu de changements. Rouher retrouve le ministère d'État et reçoit même celui des Finances. Adversaire des réformes, il est paradoxalement celui qui est chargé de les réaliser. Le ministre va s'efforcer d'en restreindre la portée et d'en retarder l'application en s'appuyant sur le cercle de la rue de l'Arcade qui réunit les principaux partisans de l'Empire autoritaire au Corps législatif. Ces hommes, que l'on surnomme « arcadiens » ou « mamelouks », obtiennent le départ de Walewski de la présidence du Corps législatif, mais l'empereur confirme l'orientation qu'il entend donner à son régime, puisqu'il nomme, à la place de celui-ci, Schneider qui est tout aussi libéral.

L'extrême droite bonapartiste qui ne constitue qu'une forte minorité des Chambres ne suffit pas à faire échouer les réformes. Ainsi, il faut l'union de toutes les forces de conservation sociale pour limiter l'œuvre de Duruy (modestie de la loi sur l'enseignement primaire d'avril 1867 au regard du programme initial, entraves aux cours d'enseignement pour jeunes filles...) (Jean Rohr, [275]). Quant au projet de réforme militaire souhaité par l'empereur après Sadowa (la France dispose d'effectifs cinq fois moins importants que la Prusse) et dont la rédaction est confiée au ministre de la Guerre, le maréchal Niel, il se heurte à l'hostilité générale. L'armée ne voit pas la nécessité de modifier les lois de l'an VI, de 1818 et de 1832, qui ont permis à la France de triompher sur les champs de bataille du monde entier. Les bourgeois craignent de supporter l'essentiel du coût financier et de ne plus pouvoir se faire exonérer du service. Le peuple vit dans l'angoisse de payer un lourd tribut à ce militarisme. Les acteurs économiques redoutent une pénurie de main-d'œuvre. Une campagne de pétitions s'organise (Bernard Ménager, [67]). Elle est soutenue par la presse et par une majorité de députés qui agissent par démagogie, qui trouvent que le système en vigueur a fait ses preuves (Thiers), qui penchent pour une simple milice sur le modèle suisse (Jules Simon), voire qui réclament le désarmement (Jules Favre). Après plusieurs refontes, le texte finalement voté le 14 janvier 1868, par 200 voix contre 60, n'a plus rien à voir avec le projet initial. Tout en portant la durée du service de sept à neuf ans, dont cinq ans d'active, il maintient l'ancien système avec tirage au sort et remplacement. S'il crée une garde nationale mobile, il ne lui donne pas les moyens d'une grande efficacité. L'empereur a été presque le seul à vouloir que le projet aboutisse, mais il n'a pas eu l'énergie nécessaire pour surmonter les obstacles qui se sont dressés sur sa route. De reculade en reculade, la montagne a fini par accoucher d'une souris.

En revanche, les projets de loi sur la presse et sur les réunions publiques, promis par la « lettre du 19 janvier », changent radicalement la législation en vigueur. Le premier stipule qu'il suffira désormais de faire une simple déclaration et de fournir un cautionnement pour fonder un journal. L'impôt du timbre sera légèrement réduit. Les professions d'imprimeur et de libraire seront affranchies de l'obligation du brevet. Le système des avertissements sera aboli et le pouvoir renoncera aux moyens de contrôle qu'il s'était arrogés. Comme il est cependant prévu que les délits de presse soient toujours jugés par les tribunaux correctionnels, que les juges aient encore le droit d'interdire la publicité des procès et que les débats parlementaires continuent d'être connus uniquement par les comptes rendus officiels, la gauche trouve l'avancée insuffisante. Selon Jules Simon : « Nous sommes tous d'accord dans le parti des libertés pour préférer la nouvelle loi à l'ancienne et pour déclarer que la nouvelle loi ne vaut rien ». Parlant au nom des arcadiens, Granier de Cassagnac estime, de son côté, que la loi est inutile puisque personne, pas même l'opposition, ne la souhaite, et qu'elle est dangereuse car elle fournit des armes redoutables aux adversaires du régime sans donner au gouvernement, qui en est l'instigateur, la possibilité de se plaindre. Rouher propose d'ajourner la réforme. Devant le refus de l'empereur, il démissionne. Cependant, supplié par le souverain, il accepte de revenir sur sa décision et même de défendre un projet qu'il déteste. En mettant toute son autorité dans la balance et en demandant un vote de confiance, il obtient, le 9 mars 1868, l'adoption du projet avec une majorité trompeuse : 240 voix contre 1, celle de Berryer. Le député légitimiste refuse en effet de cautionner le parti pris de la justice dans les procès de presse. Quant au projet de loi sur les réunions publiques, il permet aux gens de se réunir sur simple déclaration. Pendant les campagnes des élections législatives, il sera possible de tenir des réunions politiques qui s'arrêteront toutefois cinq jours avant le scrutin. Dans tous les autres cas, il restera interdit d'aborder les sujets politiques et religieux. Les autorités seront toujours représentées par un fonctionnaire qui aura le droit de dissoudre la réunion si elle devient tumultueuse ou si elle traite de questions non prévues. Les contrevenants paieront de lourdes amendes et risqueront la prison. En outre, en cas de danger pour la sécurité publique, toute réunion pourra être ajournée par le préfet ou interdite par le ministre de l'Intérieur. Malgré ces restrictions, les membres de la majorité sont hostiles au projet. Jusque-là, le système de la candidature officielle a dispensé nombre d'entre eux de faire campagne. Assurés de l'appui de l'administration face à des adversaires livrés à eux-mêmes, ils n'avaient rien à craindre. Désormais, ils risquent de tout perdre dans des joutes oratoires. Cependant, lassés de lutter, ils s'opposent faiblement. De son côté, l'opposition manifeste le même dédain que pour le projet de loi sur la presse. C'est la faculté que possède le pouvoir de suspendre ou d'interdire la réunion qui entraîne les plus vives critiques. Pour Jules Simon, « la loi a seize articles : les quinze premiers organisent, quoique fort mal, la liberté ; puis arrive le seizième article, qui est la négation absolue de tout ce que les quinze autres ont établi ». La loi est finalement adoptée, le 25 mars 1868, par 212 voix contre 22. La droite a voté une loi qu'elle abhorre, par soumission. La gauche l'a repoussée, par opposition systématique à l'Empire. Elle va pourtant rapidement en tirer le plus grand profit.

La montée des oppositions

Au lieu de prévenir l'orage, les réformes provoquent de véritables tempêtes. Profitant de la loi sur les réunions, le pays reprend la parole avec passion. De juin 1868 à la chute de l'Empire, 933 réunions non politiques se tiennent à Paris. Tout est prétexte à discourir, depuis le travail des femmes jusqu'à la lutte de l'homme contre la nature. Cependant, de ces beaux sujets dont il est difficile de préciser les limites, l'on glisse souvent vers la politique ou la religion. Telle réunion évoque Tibère ou Caligula et l'auditoire comprend que l'empereur est visé. Il arrive que l'on chante *La Marseillaise* (A. Dalotel, A. Faure et J.-C. Freiermuth, [43]). Grâce à la loi sur la presse, les journaux d'opposition se multiplient à Paris comme en province. En un an, pas moins de 140 nouveaux titres font leur apparition [198]. Une publication éclipse pourtant toutes les autres : un petit hebdomadaire, lancé le 30 mai 1868 par Henri Rochefort et appelé *La Lanterne*. À coups de bons mots, il entend démolir le régime. La première phrase du premier numéro donne le ton : « La France contient, dit *L'Almanach impérial*, trente-six millions de sujets, sans compter les sujets de mécontentement. » Le succès est immense. Alors que les autres journaux tirent, à peine, à quelques milliers d'exemplaires, la brochure de Rochefort atteint le chiffre de 100 000. Lue partout, y compris dans les couloirs des Tuileries, elle fait plus de mal au régime

Henri Rochefort (1831-1913).
(Archives Hachette - L.G.F.)

qu'une série d'émeutes. Après plus de deux mois, le gouvernement se résout enfin à agir, fait saisir le onzième numéro et intente un procès à son auteur. En août 1868, le pamphlétaire est condamné par contumace à un an de prison. Il se réfugie en Belgique, d'où il continue à expédier clandestinement sa publication. Le pouvoir essaie d'intimider les journaux d'opposition les plus virulents par des poursuites. Mais, désormais, le flot a trop grossi pour pouvoir être endigué. Quand un titre est condamné, un autre prend le relais. Quand une feuille est supprimée, elle ressuscite bientôt sous un nom nouveau. Une véritable littérature antinapoléonienne se développe parallèlement. Pierre Lanfrey écrit une *Histoire de Napoléon I*er dans laquelle il démythifie le premier empereur. Malgré sa valeur très moyenne, l'ouvrage, vanté par la presse d'opposition, connaît une grande diffusion dans les classes lettrées et la bourgeoisie de province. Au mois d'août 1868, la Sorbonne est le théâtre d'un nouvel affront pour le pouvoir. Sous les applaudissements de ses camarades, le fils du général Cavaignac, lauréat du concours général, refuse de recevoir sa récompense des mains du prince Impérial. En outre, les écrivains se gênent de moins en moins pour rappeler au régime son péché originel, le coup d'État du 2-Décembre. En juillet 1868, un journaliste du *Siècle*, Eugène Ténot, publie une enquête intitulée *Paris en décembre 1851*. Ce récit très documenté du coup de force et de la répression qui l'a suivi rencontre un énorme succès. Rien n'y est oublié, ni les innocentes victimes des boulevards, ni le représentant Baudin tombant sur sa barricade pour la défense des lois et des libertés. Les républicains s'emparent de l'émotion que suscite l'ouvrage. Dans *Le Réveil*, Delescluze ouvre une souscription pour élever un monument au « héros de la geste républicaine » Baudin (J.-O. Boudon, [42]). D'autres journaux d'opposition s'associent à cette initiative. De grands noms signent la souscription (Hugo et Quinet depuis l'exil,

Berryer...). Delescluze et ses comparses sont poursuivis devant la justice. Lors du procès, en novembre 1868, un jeune avocat, Léon Gambetta, s'illustre. Il se sert de la tribune qui lui est offerte pour faire le réquisitoire du 2-Décembre, n'hésitant pas à comparer Napoléon III et ses complices à Catilina et à sa tourbe. Toute l'opposition se retrouve dans des salons, comme celui de Juliette Adam (Sylvie Aprile, [136]). De son côté, la prison politique de Sainte-Pélagie devient un lieu de fermentation oppositionnelle, une école pour les futurs dirigeants du parti républicain, un foyer de conspiration. Sans jouer ce rôle, la franc-maçonnerie, qui réunit plus de 15 000 frères, prend un tour positiviste, anticlérical et critique à l'égard du régime avec l'entrisme des républicains (S. Hazareesingh et V. Wright, [186]). Dans de nombreux départements, le parti a réussi à reconstituer ses cadres.

À l'opposé, le régime ne parvient pas à renouveler son personnel dirigeant. Certains de ses meilleurs serviteurs meurent (Fould, Walewski). Parmi ceux qui restent, beaucoup se détestent (Rouher et Persigny). Une contestation interne se développe, en particulier au sein d'un Conseil d'État qui s'oppose aussi bien à la politique d'Haussmann qu'aux abus de l'administration (V. Wright, [83]). Affaibli, l'empereur n'a plus l'énergie de faire taire ces querelles et cette fronde. Pour rajeunir les cadres et donner un second souffle au régime, il est envisagé de faire appel aux plus modérés des jeunes libéraux et républicains. Napoléon III hésite encore. Il attend le verdict des urnes. Les élections de mai 1869 marquent la renaissance de la vie politique en France. Avec une presse libre et des réunions publiques dans les grandes villes, on assiste à la première véritable campagne électorale de notre histoire. Depuis 1852, les candidats n'ont jamais été aussi nombreux. Le suffrage universel n'est plus dans l'enfance. À l'occasion de scrutins partiels, les électeurs ruraux, y compris les paysans, ont prouvé qu'ils savaient

Une réunion électorale, *L'Illustration* (15 mai 1869).
(Archives Hachette - L.G.F.)

s'affranchir des consignes que leur donnaient les préfets, les maires ou les curés. Ainsi, en août 1868, le républicain Jules Grévy a été élu dans une circonscription rurale du Jura. Comme lors des précédentes consultations nationales, la pression électorale est encore de mise en 1869. Les circonscriptions sont redécoupées pour défavoriser les opposants. Paris, acquis aux républicains, n'obtient pas de nouveaux sièges, alors que l'augmentation de sa population le nécessiterait pourtant. Les électeurs sont inondés de brochures qui exaltent l'œuvre sociale de l'Empire, mais aussi de journaux d'extrême gauche destinés à leur faire peur. Cependant, l'idée même de la candidature officielle est en plein déclin. Dans certaines circonscriptions, le patronage du gouvernement est devenu trop compromettant. Beaucoup de candidats n'osent pas mentionner le soutien dont ils bénéficient. Certains le rejettent. Ils se disent « indépendants dynastiques » ou encore « conservateurs libéraux ». Les mêmes divisions se rencontrent au sein de l'opposition. L'Union libérale est en voie de décomposition. Elle ne comprend plus guère que des orléanistes et des indépendants. Les quelques républicains modérés qui l'avaient ralliée en 1863 l'ont désormais quittée. Ils vont au combat en ordre dispersé. Encore sont-ils attaqués par des républicains plus radicaux et ces derniers par les socialistes ! Les résultats du scrutin des 23 et 24 mai et des ballottages des 6 et 7 juin sont, en apparence, plutôt favorables au gouvernement. Si ses candidats perdent près d'un million de voix par rapport à 1863, alors que le taux d'abstention est pourtant en chute (22 %), le pouvoir conserve une nette majorité grâce à la fidélité des campagnes. Les orléanistes et les légitimistes sont presque tous battus. Les républicains sont, en revanche, les grands gagnants. Dans la Seine, ils triomphent. Comme en 1863, ils obtiennent tous les sièges, mais cette fois avec trois fois plus de voix que les candidats officiels. Presque toutes les grandes villes de l'Empire ont voté pour les candidats républicains. Deux jeunes espoirs du parti font leur entrée à la Chambre : Léon Gambetta et Jules Ferry. Au total, sur 288 élus, on compte désormais 72 opposants déclarés, dont 32 républicains. Les bonapartistes autoritaires sur lesquels Rouher pourrait s'appuyer sont seulement 90. Entre ces deux groupes, la plupart des députés constituent un vaste tiers parti qui n'est pas hostile à la dynastie, mais qui attend aussi de nouvelles réformes libérales. À Paris comme en province, les élections sont suivies de désordres. Par exemple, des groupes d'ouvriers parisiens, furieux de la défaite de leur idole Rochefort, se révoltent. Du 7 au 11 juin, les boulevards sont livrés à l'émeute. Cette agitation n'est pas plus tôt retombée que le pouvoir connaît de nouveaux ennuis. Les grèves se multiplient et tournent parfois au drame comme à La Ricamarie (13 morts et de nombreux blessés). Malgré de nouvelles mesures en faveur des ouvriers (loi autorisant les coopératives, reconnaissance de l'égalité de témoignage entre les employés et leurs patrons, tolérance à l'égard des chambres syndicales), les thèses révolutionnaires connaissent un regain de faveur. En radicalisant son langage, l'Internationale ouvrière est interdite, mais multiplie les adhésions [27]. De son côté, Blanqui réunit plus d'un millier d'hommes au sein d'une organisation secrète dont le but est le renversement de l'Empire et l'instauration d'une dictature populaire (Ionka Tchernoff, [79]). Le réveil des partis extrêmes, l'émeute urbaine et la grève sanglante : on n'a rien vu de tel depuis dix-sept ans ! Beaucoup commencent à douter d'un pouvoir qui, après avoir terrifié ses ennemis, se laisse ainsi déborder de toutes parts.

Napoléon III semble hésiter entre la fermeté (nomination de l'arcadien Jérôme David à la vice-présidence du Corps législatif et au grade de grand-officier de la Légion d'honneur) et de nouvelles concessions (garanties données à Schneider). Lors de la session extraordi-

Eugène Schneider,
président du Corps législatif (1805-1875).
Collection particulière.

naire du Corps législatif, ouverte fin juin 1869, 116 députés « demandent à interpeller le gouvernement sur la nécessité de donner satisfaction au sentiment du pays, en l'associant d'une manière plus efficace à la direction de ses affaires » et en procédant à « la constitution d'un ministère responsable devant l'empereur et la Chambre ». Pour désamorcer la crise, Napoléon III se résout à de nouvelles réformes. Le 12 juillet, Rouher lit à la tribune du Corps législatif un message d'une importance capitale. Il annonce un prochain sénatus-consulte destiné à libéraliser encore le régime ainsi que son départ du gouvernement et la suppression du ministère d'État. Même s'il devient président du Sénat quelques jours plus tard et s'il reste très influent, il achève là son long règne de « vice-empereur ».

L'avènement de l'Empire libéral

Mis en forme par Chasseloup-Laubat qui est le principal ministre d'un gouvernement de transition, le projet de sénatus-consulte destiné à concrétiser les engagements du 12 juillet va très loin. Malgré l'hostilité de beaucoup de ses membres, le Sénat ne s'oppose pas à la volonté impériale et vote le texte, le 6 septembre. Promulgué deux jours plus tard, celui-ci étend les droits du Corps législatif (élection de son bureau, initiative des lois, liberté d'amendement, droit complet d'interpellation, vote du budget dans ses moindres détails, contrôle des tarifs douaniers...) et ceux du Sénat (maîtrise de son règlement, droit d'interpellation, séances publiques...). Il modifie aussi radicalement la condition des ministres. En effet, il permet de les choisir parmi les députés et les sénateurs et précise qu'ils délibéreront désormais en conseil. Il indique qu'ils seront responsables sans toutefois préciser devant qui, ce qui induit qu'ils le deviendront certes devant les Chambres, mais qu'ils continueront de l'être aussi devant l'empereur. Ce point qui rappelle la double confiance de la monarchie de Juillet fait dire à René Rémond que le régime devient semi-parlementaire et non parlementaire [72]. Le 8 septembre 1869 n'en inaugure pas moins une nouvelle époque. De cette date commence véritablement l'Empire libéral.

Dans un climat social tendu (le 8 octobre, la grève d'Aubin fait 14 morts) et après de longues tractations, Ollivier s'entend avec le souverain qui le prie de lui désigner « les personnes qui peuvent former, avec (lui), un cabinet homogène, représentant fidèlement la majorité du Corps législatif ». Il parvient ensuite, non sans difficultés, à composer ledit gouvernement. Dans ce ministère du 2 janvier 1870 où il s'est réservé la Justice et les Cultes, mais où il n'occupera la présidence du Conseil qu'en cas d'absence de l'empereur, Ollivier a confié la plupart des portefeuilles à ses amis du centre droit dynastique (le groupe le plus important du Corps législatif). De son côté, le centre gauche d'inspiration orléaniste reçoit deux importants ministères, les Finances et les Affaires étrangères, pour ses chefs, Buffet et Daru. Cependant, le gouvernement n'est pas totalement parlementaire. À l'initiative de Napoléon III, le général Le Bœuf, l'amiral Rigault de Genouilly et le maréchal Vaillant sont maintenus respectivement à la Guerre, à la Marine et à la Maison de l'Empereur. Un ancien du bonapartisme autoritaire, Parieu, devient même ministre président le Conseil d'État. Dès leur entrée en fonction, les nouveaux ministres qui sont aussi des « honnêtes gens », selon la propre expression de Daru, s'efforcent de faire passer leurs bonnes intentions en actes. L'administration est épurée de tous ceux qui se sont rendus coupables d'« excès inadmissibles » (Vincent Wright, [47]). Haussmann, symbole de la période autoritaire et bouc émissaire de l'opposition, est ainsi sacrifié. Des consignes sont données pour que l'indépendance de la justice soit respectée. Les journalistes obtiennent le droit de commenter les séances législatives. La loi de

Émile Ollivier (1825-1913).
Collection particulière.

sûreté générale est abrogée et la pratique de la candidature officielle abandonnée. Il est aussi envisagé de faire de nouveau juger les procès de presse par des jurys. Ces mesures séduisent de nombreux opposants modérés. De grandes figures de l'orléanisme retirées depuis 1852 se remettent ainsi à fréquenter les salons officiels et reçoivent la présidence de commissions extraparlementaires (Guizot, celle de l'enseignement supérieur, et Odilon Barrot, celle de la décentralisation). Prévost-Paradol accepte de représenter la France à Washington. L'Académie française, frondeuse jusque-là, élit Ollivier. Si le gouvernement ne rencontre pas le même succès sur sa gauche (dès sa déclaration de politique générale, le 10 janvier, le principal ministre a été violemment attaqué par Gambetta), il sort à son avantage de la crise causée par le meurtre de l'apprenti journaliste Victor Noir par un cousin de l'empereur, Pierre Bonaparte.

En tant que ministre de la Justice, Ollivier rédige la nouvelle Constitution nécessitée par l'évolution du régime. Volontairement brève (45 articles) pour permettre aux lois ordinaires « de donner satisfaction aux exigences mobiles des temps sans être contraint de toucher au pacte fondamental auquel on assure ainsi l'autorité de ce qui dure », elle reprend les réformes du 8 septembre précédent, en les approfondissant. C'est ainsi que le Sénat perd son pouvoir constituant pour devenir une deuxième chambre législative à part entière, que le Corps législatif a dorénavant le droit de recevoir, lui aussi, des pétitions et que l'empereur ne gouverne plus « au moyen », mais « avec le concours » de ministres, désormais responsables à la fois devant lui et devant les Chambres. Le souverain peut toujours faire appel au peuple par plébiscite. Cependant, Ollivier n'y voit qu'un droit théorique qui n'est pas destiné à être exercé ou, du moins, pas dans l'immédiat. Or, après avoir voté à l'unanimité le sénatus-consulte constitutionnel, le 20 avril, le Sénat, animé par Rouher et Baroche, suggère de soumettre au peuple la transformation des institutions. En cas de grand succès, les deux anciens ministres pensent revenir au gouvernement. Quant à Napoléon III, il est séduit par l'idée de retremper sa dynastie dans le suffrage universel. Ollivier n'a plus qu'à s'incliner, sans pouvoir éviter une crise ministérielle puisque le centre gauche considère le plébiscite comme la négation même du système parlementaire. Buffet et Daru démissionnent. Alors que l'Empire libéral est sur le point de triompher, le paradoxe veut donc que les libéraux s'inquiètent et que les arcadiens se réjouissent. Le 8 mai, les Français sont invités à se prononcer sur un texte habile : « Le peuple approuve les réformes libérales opérées dans la Constitution depuis 1860 par l'empereur avec le concours des grands corps de l'État, et ratifie le sénatus-consulte du 20 avril 1870 ». Accepter l'évolution libérale revient donc à plébisciter son principal responsable, Napoléon III. De ce fait, la plupart des adversaires du régime sont dans l'embarras et les partis se divisent. Le camp républicain se partage ainsi entre une « gauche fermée » (Grévy, Ferry, Gambetta...), hostile et plus irréconciliable que jamais, et une « gauche ouverte » autour de Picard, dans laquelle certains voient déjà l'antichambre d'un prochain ralliement. Si la victoire du « oui » ne fait aucun doute en raison du soutien des paysans, le gouvernement craint un abstentionnisme massif qui témoignerait d'une désapprobation silencieuse ou, au moins, d'un désintérêt des Français. Par conséquent, tous les fonctionnaires, le clergé et les amis de l'Empire sont encouragés à faire campagne pour le « oui ». En outre, un comité central plébiscitaire et des sous-comités sont constitués pour fédérer les énergies. Ainsi, malgré les mauvais chiffres de Paris et des grandes villes de province, la France rurale assure un énorme succès au pouvoir puisqu'on dénombre, au total, 7 350 000 « oui » contre 1 590 000 « non », avec un taux d'abstention qui tombe sous la barre des 18 %. Les résultats, bien meilleurs qu'aux élections de 1869, permettent à Napoléon III de dire qu'il a retrouvé « son chiffre » de 1852 et d'« envisager l'avenir sans crainte ». Quant à l'opposition, elle désespère des Français. Ainsi, selon Jules Favre, « il n'y a plus rien à faire en politique ».

L'Empire libéral connaît pourtant des difficultés. Les bonapartistes autoritaires revendiquent le succès du plébiscite comme le leur et Napoléon III, de son côté, commence à prendre ses ministres de haut. Si les élections cantonales qui se déroulent début juin lui sont plutôt favorables [50], le gouvernement est très affaibli par la défection du centre gauche au Palais-Bourbon. Lors de deux scrutins, il ne doit son salut qu'au soutien inattendu de la gauche. Une autre fois, il doit même adopter la thèse de ses ennemis coalisés pour ne pas être mis en minorité et se voit donc reprocher de manquer de ligne de conduite. Malgré de nouvelles mesures en faveur des ouvriers, comme la création d'une véritable inspection du travail, la contestation ouvrière n'a jamais été aussi forte depuis 1852. Après les deux grandes grèves du Creusot, le fief du président du Corps législatif, des mouvements se déclenchent dans toute la France. Le gouvernement a beau envoyer la troupe ou traduire une nouvelle fois l'Internationale en justice, l'agitation ne retombe pas. Quelques révolutionnaires saluent dans des banquets « la petite balle humanitaire » qui délivrera la France de Napoléon III. Traversant maintenant des périodes d'abattement, l'empereur prend la décision d'abdiquer d'ici à quelques années, en faveur de son fils. Rien ne laisse pourtant supposer que le régime n'a plus que deux mois à vivre.

*La guerre contre la Prusse
et le renversement de l'Empire*

La cause de l'effondrement de l'Empire est connue. Dans une guerre déclenchée par la France contre la

Prusse, l'enchaînement rapide des défaites et la débâcle de Sedan entraînent la révolution du 4-Septembre. Depuis Sadowa, la tension franco-prussienne n'a cessé de monter. Certes, les Français, en particulier les paysans et les milieux d'affaires, sont majoritairement pacifistes et des initiatives sont prises de tous côtés en faveur de la paix (Ligue de la Paix de Frédéric Passy, congrès internationaux de Genève et de Lausanne...). Mais l'inquiétude générale suscitée par le militarisme prussien et par la volonté probable de Bismarck de poursuivre l'unité allemande ainsi que la colère et le désir de revanche de certains après l'échec de la « politique des pourboires » font craindre un conflit. Ainsi, dès 1868, Prévost-Paradol prophétise, dans *La France nouvelle*, la collision entre les deux puissances lancées l'une contre l'autre, sur la même voie, par une erreur d'aiguillage (Pierre Guiral, [265]). Ollivier n'a pas plus tôt obtenu la réduction du contingent en prononçant des paroles tranquillisantes (il a qualifié le plébiscite de « Sadowa français » et a affirmé qu'« à aucune époque, le maintien de la paix n'a paru plus assuré »), qu'une nouvelle remet tout en cause. En effet, le 3 juillet 1870, les Français apprennent que le prince Léopold de Hohenzollern, parent du roi de Prusse, Guillaume Ier, vient d'accepter le trône d'Espagne, alors vacant. Si la province reste calme, voire indifférente, la capitale entre dans une grande effervescence, entretenue d'ailleurs par la presse (Stéphane Audoin-Rouzeau, [221]). En outre, la plupart des dirigeants, en France comme à l'étranger, sont d'avis que l'Empire ne peut accepter cet affront et cette menace sur sa frontière pyrénéenne. De multiples pressions interviennent alors sur les Hohenzollern et aboutissent, le 12, au retrait de la candidature de Léopold, ce qui est un grand succès diplomatique pour Paris. Cependant, l'intransigeance française fait aussitôt rebondir la crise. La droite bonapartiste du Corps législatif (Jérôme David, Clément Duvernois...) voit dans une escalade la possibilité de rétablir à la fois l'Empire autoritaire et la prépondérance française en Europe, par l'humiliation de Berlin ou par une victoire militaire facile. Elle réclame donc que des garanties supplémentaires soient exigées de Guillaume Ier pour empêcher, à l'avenir, toute tentative similaire. L'idée, soutenue par l'impératrice Eugénie et par le ministre des Affaires étrangères, le duc de Gramont, est finalement retenue par Napoléon III. Des instructions très fermes sont donc envoyées à Benedetti, l'ambassadeur de France auprès du roi Guillaume Ier. Ollivier, que l'on sait hostile, n'est pas averti mais il finit par accepter la décision, lorsqu'il l'apprend, pour ne pas provoquer une crise ministérielle dans ces moments tragiques. À Ems, où il prend les eaux, le roi de Prusse rappelle à Benedetti qu'il approuve la renonciation de son parent, tout en refusant de s'engager pour l'avenir. Comme l'ambassadeur, poussé par Paris, insiste et sollicite une nouvelle audience, Guillaume Ier, irrité mais toujours courtois, lui fait savoir par son aide de camp de service qu'il n'a plus rien à lui communiquer et que l'affaire se réglera maintenant entre les ministères concernés. Averti par une dépêche de son roi et laissé libre de divulguer ou pas la nouvelle, Bismarck voit immédiatement le profit qu'il peut en tirer. Il pense depuis longtemps qu'une guerre contre l'ennemi héréditaire de l'Allemagne permettrait de parachever l'unité nationale. Cependant, en vertu de la convention défensive signée au lendemain de Sadowa, les États d'Allemagne du Sud ne s'engageront dans le conflit que si l'Empire français est l'agresseur. Le chancelier rédige donc une note qui grossit l'incident en le résumant sèchement puis il la télégraphie aux ambassades prussiennes et la fait publier dans la presse. Les Allemands comprennent que Guillaume Ier a congédié sans ménagement un ambassadeur insolent et accueillent la nouvelle avec enthousiasme. À Paris, comme Bismarck l'a prévu, la communication que l'Histoire retiendra désormais sous le nom de « dépêche d'Ems » produit « sur le taureau gaulois l'effet du drapeau rouge ». Impressionné par l'état d'esprit belliqueux des Parisiens et convaincu que la France est dans son droit, Ollivier, quoique profondément pacifiste, se rallie à l'idée d'une guerre (Theodore Zeldin, [85]). Le 15 juillet, il déclare au Corps législatif qu'il en assume la responsabilité « d'un cœur léger ». Dans un grand élan patriotique qui en aveugle beaucoup (Thiers est insulté lorsqu'il supplie ses collègues de réfléchir, la commission d'examen auditionne les ministres à la hâte et se fie aux rares pièces qu'ils lui ont fournies...), les crédits de guerre sont votés par 245 voix contre 10, toutes républicaines.

Lorsque la France déclare la guerre à la Prusse, le 19 juillet, l'immense majorité de la nation considère le conflit comme légitime et soutient ses dirigeants. Les luttes partisanes s'effacent provisoirement devant une forme d'union sacrée qu'imposent l'intérêt général et la pression de l'opinion publique (S. Audoin-Rouzeau, [221]). La situation française n'en est pas moins délicate. Alors que la Prusse apparaît comme la victime et que tous les États allemands se rangent rapidement derrière elle, le Second Empire est isolé. L'Autriche et l'Italie dont Napoléon III pensait obtenir le soutien préfèrent attendre de connaître la tournure des premiers combats pour s'engager. Malgré sa maladie, l'empereur décide de commander personnellement l'armée, d'emmener avec lui le prince Impérial et de confier la régence à l'impératrice. S'il pouvait s'illusionner sur l'état de l'armée en raison des rapports rassurants que lui dressait depuis plusieurs mois le ministre de la Guerre, la triste réalité lui apparaît au grand jour lorsqu'il arrive à Metz, le 28 juillet (François Roth, [238]). L'infériorité numérique des Français est tout d'abord flagrante (235 000 hommes dispersés en huit corps pour défendre une ligne allant de Thionville à Bâle, face aux 500 000 soldats de la première

Napoléon III, le prince impérial
et l'état-major au camp de Châlons.
(Archives Hachette - L.G.F.)

ligne allemande répartis en trois armées, auxquels s'ajoutent 160 000 hommes de réserve dans les dépôts et 190 000 hommes de la Landwehr). Au manque d'équipement et aux faiblesses de l'intendance de l'armée française, s'ajoutent l'indiscipline, le mauvais état d'esprit et la piètre instruction des réservistes et de la garde mobile. L'état-major ne possède pas de cartes complètes. Quant au commandement, il est totalement déficient (choix du ministre pour diriger les opérations alors qu'il est artilleur de carrière et ne connaît rien au service d'état-major, officiers qui sont pour beaucoup d'entre eux des sabreurs formés dans les guerres coloniales et pas des tacticiens, encore moins des stratèges). Il privilégie la défensive impropre à l'esprit national et peu susceptible de stimuler le moral des troupes. À l'inverse, les Allemands sont organisés et disciplinés. Ils disposent d'une logistique et d'un matériel de premier ordre (canons en acier à chargement par la culasse, supérieurs en résistance, en portée et en précision aux canons en bronze français...). L'état-major, à la tête duquel se trouve Moltke, a clairement choisi l'offensive, qui a déjà permis à la Prusse d'être victorieuse en 1866.

Si les Français prennent Sarrebrück, le 2 août, l'attaque allemande de grande envergure qui suit circonscrit les combats au sol français. La France ne profitera jamais de son écrasante supériorité maritime pour réaliser les opérations qu'elle avait envisagées en Baltique (M. Battesti, [222]). Le 6 août, la défaite de Mac-Mahon à Frœschwiller-Wœrth livre l'Alsace aux Allemands. Le même jour, celle de Frossard à Forbach-Spicheren permet à l'ennemi de prendre solidement pied en Lorraine. Si les Français ont courageusement combattu et si rien n'est perdu (les taux de pertes sont les plus élevés depuis les guerres du Premier Empire, mais sont similaires pour les deux belligérants), la nouvelle de ce double revers a des effets désastreux dans la capitale où une fausse rumeur avait fait croire, quelques heures auparavant, à une brillante victoire. Le 9 août, le gouvernement est balayé par un vote de défiance du Corps législatif. La carrière politique d'Ollivier, « l'homme au cœur léger », est définitivement brisée. L'historiographie actuelle tend à réduire la part de responsabilité de celui qui a servi alors de bouc émissaire et qui passera le restant de sa longue vie (il a seulement 45 ans et ne meurt qu'en 1913) à essayer de se justifier. Aujourd'hui, il n'est plus possible d'incriminer davantage un ministre dont la marge de manœuvre était réduite que l'entourage de Napoléon III, l'empereur lui-même ou encore les députés. Le 10, entre en fonction le nouveau gouvernement constitué, à la demande de l'impératrice, par le comte de Palikao. Composé pour l'essentiel de bonapartistes autoritaires, il prend des mesures énergiques (emprunt porté à un milliard, nouvelles incorporations, fortification et approvisionnement de la capitale...), mais n'entrave en rien l'action parlementaire (Éric Anceau, [33]). La population conserve l'espoir d'un redressement militaire, reste déterminée et assimile encore les diviseurs intérieurs à l'ennemi extérieur (S. Audoin-Rouzeau, [221]). C'est ainsi que le coup de main tenté par les blanquistes contre une caserne parisienne, le 14 août, suscite une réprobation unanime. Deux jours plus tard, dans le village d'Hautefaye, en Dordogne, le peuple massacre un noble hostile au régime (Alain Corbin, [134]). Pendant ce temps, la situation militaire se dégrade encore. Bazaine, qui n'a pas été mêlé aux premières défaites et qui est très populaire (l'opposition elle-même parle du « glorieux Bazaine »), reçoit le commandement en chef. Esprit tortueux et indécis, il n'est pas l'homme de la situation. Malgré trois batailles livrées entre le 14 et le 18 août (Borny, Rezonville et Saint-Privat), il ne parvient pas à éviter l'encerclement de son armée et doit s'enfermer dans Metz. Alors que l'empereur préconise un repli des troupes restantes sur la capitale, l'impératrice et Palikao soutiennent que l'effet en serait désastreux et que la seule solution souhaitable consiste à délivrer Bazaine. Le 21, l'armée du camp de Châlons, avec à sa tête Mac-Mahon et l'empereur, se met donc en route vers l'est. Sur la fausse information que Bazaine a réussi à se dégager et se dirige vers Montmédy, elle dévie bientôt vers le nord et se fait à son tour encercler à Sedan. Située dans une cuvette, la place est indéfendable. À l'aube du 1er septembre, les Allemands engagent la première bataille de la guerre où ils peuvent appliquer méthodiquement le plan conçu par Moltke (François Roth, [238]). Malgré de multiples actes d'héroïsme, les Français sont rapidement débordés. Napoléon III, qui a vainement cherché la mort sur le champ de bataille, se résout à faire hisser le drapeau blanc pour éviter un massacre, puis signe la capitulation, le 2. Il est décidé que lui et son armée seront internés en Allemagne jusqu'à la conclusion de la paix.

D'abord simple rumeur, la nouvelle du désastre est officialisée au Corps législatif, dans la nuit du 3 au 4. L'opinion parisienne est alors en train de basculer complètement et quelques bandes appellent déjà à la révolte sur les boulevards. Le dimanche 4 septembre, en début d'après-midi, les députés s'apprêtent, de leur côté, à délibérer sur trois propositions. La première, présentée par Jules Favre, au nom des républicains, réclame la déchéance impériale et l'élection par le Corps législatif d'une commission investie de tous les pouvoirs. De son côté, Palikao demande le maintien de l'Empire avec un lieutenant général (lui-même) et un conseil choisi par les députés et ayant droit de regard sur la nomination des ministres. Enfin, Thiers et 48 de ses collègues souhaitent que, « vu les circonstances, la Chambre nomme une commission de gouvernement et de défense nationale » puis qu'une Constituante soit convoquée. Cette dernière proposition, intermédiaire entre les deux autres, semble devoir l'emporter, lorsque la foule envahit le Palais-Bourbon. S'il existe indiscu-

La débâcle de Sedan,
The Graphic (24 septembre 1870).
(Archives Hachette - L.G.F.)

Proclamation de la République au Corps législatif.
Peinture par J. Didier et J. Guiaud.
(Archives Hachette - L.G.F.)

tablement une volonté révolutionnaire chez quelques meneurs, la thèse d'un vaste complot doit être, en revanche, écartée. Le peuple obéit à « une réaction largement spontanée » (S. Audoin-Rouzeau, [221]). Pour calmer l'émeute, Gambetta prononce la déchéance de l'Empire. Désireux d'éviter de nouveaux débordements et, plus encore, soucieux d'empêcher les « rouges » de prendre la situation en main, les députés républicains détournent la foule vers l'Hôtel de Ville, lieu habituel des révolutions parisiennes. Ils parviennent à y imposer leur solution : une République dirigée par eux-mêmes. En effet, le gouvernement de Défense nationale sera composé, pour l'essentiel, des députés républicains de la Seine, tous modérés, à l'exception de Rochefort qui sert d'alibi radical. Il sera présidé par le gouverneur de Paris, le général Trochu, symbole d'ordre, susceptible d'en imposer aux agitateurs et de rassurer la bourgeoisie et la province. Sans attendre l'impulsion parisienne, Lyon a déjà proclamé la République. Marseille ne tarde pas. Thiers assure qu'il n'a jamais vu « de révolution accomplie plus aisément et avec moins de frais ». Le régime impérial s'effondre en quelques heures, sans que l'on ne déplore de morts. Sous la pression des masses en colère, les dirigeants démoralisés et paralysés n'offrent, en effet, aucune résistance. Alors que l'impératrice prend secrètement le chemin de l'Angleterre (Napoléon III l'y rejoindra en mars 1871 et y décédera en janvier 1873), le Second Empire a vécu.

CONCLUSION

Pendant la Deuxième République et le Second Empire, nous avons vu s'affronter, dans tous les domaines, deux philosophies de la société et de l'homme. Faisant de 1789 un simple point de départ et croyant au progrès continu par les réformes, le mouvement s'oppose à la conservation qui s'appuie, quant à elle, sur la tradition chrétienne et monarchique et qui rejette 1789 ou qui le considère, au mieux, comme un aboutissement. Certes, cette dichotomie ne partage pas tous les acteurs sociaux en deux groupes homogènes et intangibles. Elle se double d'infinies nuances. Elle n'en détermine pas moins la plupart des choix et des faits de la période. Victorieuses au lendemain de la Révolution de Février, les forces du mouvement ne parviennent pas à s'imposer durablement. Tout en défendant fermement l'héritage de 1789, la République présidentielle puis l'Empire ne tranchent pas, de leur côté, le débat entre les deux philosophies. Le peuvent-ils ? Le veulent-ils seulement ? En 1840 déjà, Louis-Napoléon Bonaparte écrivait : « Au milieu de deux partis acharnés, dont l'un ne voit que le passé, et l'autre que l'avenir, (l'idée napoléonienne) prend les anciennes formes, et les nouveaux principes. » Dans sa volonté de réconciliation nationale, le bonapartisme implique de synthétiser des aspirations souvent divergentes et parfois contradictoires (Frédéric Bluche, [36] et [37]). Incarné en la personne tourmentée du prince-président puis de l'empereur, il ne semble y parvenir qu'en de rares circonstances (certaines fêtes du

15 août...) et se montre tour à tour, voire simultanément, autocratique et démocratique, autoritaire et libéral, réactionnaire et progressiste, fils de l'Église et de la Révolution, apôtre de la paix et fauteur de guerre. Ainsi, le 2-Décembre, dont on discute encore pour savoir s'il met un terme à la crise de la Deuxième République ou s'il n'intervient pas plutôt alors qu'elle est déjà résolue (Raymond Huard, [7]), commence à gauche (contre le parti de l'Ordre), mais s'achève à droite (contre les républicains), en raison des résistances populaires. À ses débuts, l'Empire s'appuie surtout sur une Église, des notables et des paysans, soucieux de stabilité, mais il n'entend pas en être prisonnier. Le mouvement économique est lancé. La rénovation urbaine est commencée. L'ordre du Congrès de Vienne est ébranlé. Dans les années 1860, l'Empire entreprend de grandes réformes et se libéralise pour tenter de désamorcer les critiques, d'élargir ses soutiens et, à terme, de réaliser l'union tant espérée de tous les Français. Malgré des lois ouvrières en avance sur leur temps, le régime échoue dans sa tentative de séduction des masses laborieuses, comme en témoigne la grande agitation des années 1869-1870. Alors que la prospérité a provoqué l'essor des classes moyennes et de la petite bourgeoisie, il n'accompagne pas suffisamment leur ascension socio-politique et continue de se fier aux notables. L'expérience de l'Empire libéral satisfait d'ailleurs une grande partie des élites. Elle aurait peut-être réussi (Pierre Lévêque, [61]), mais en obligeant le bonapartisme à se renier puisqu'elle est contraire à l'essence même de celui-ci (Frédéric Bluche, [36] et [37]). Oscillant perpétuellement entre un rêve de grandeur, un soutien aux nationalités aussi généreux que dangereux et une politique extérieure plus traditionnelle, sage et conservatrice, le régime finit par s'aliéner toutes les puissances étrangères, y compris les mieux disposées à son égard, tout en montrant sa fragilité avec la maladie et le vieillissement de

l'empereur. Le Second Empire provoque lui-même la catastrophe qui l'emporte. Il meurt en grande partie de ses contradictions.

Cette histoire commencée par une révolution s'achève donc par une autre révolution. Les républicains de 1870 renouvellent l'acte de leurs devanciers de 1848 et vengent ceux de 1851. Ce n'est cependant pas une parenthèse qui vient alors de se refermer. En disparaissant, l'Empire lègue à la jeune République la guerre étrangère et bientôt la guerre civile. Mais il lui laisse aussi un pays riche qui paie facilement et rapidement l'indemnité de guerre fixée par la Prusse. Malgré la décélération des années 1860, l'expansion de l'économie et le mieux-être global des Français sont indéniables. Certes, le monde des diligences, des bateaux à voile, des lampes à huile et du petit commerce ne s'efface pas totalement devant celui des locomotives, des navires à hélice, du gaz d'éclairage et des grands magasins. Le tableau de milieu de siècle laissé par la comtesse de Ségur est sans doute plus proche de la réalité vécue par la majorité des Français que celui de Zola, qui écrit l'essentiel de son œuvre après 1870 et qui, comme ses contemporains ou les premiers historiens de la période, a tendance à surévaluer les mutations, par anticipation et par goût du neuf et du spectaculaire. Mais la modernisation est réelle. Avec l'essor des transports, s'amorcent une uniformisation des comportements, une homogénéisation des marchés ainsi qu'une spécialisation locale en fonction des potentialités et des coûts. L'expérience politique acquise entre 1848 et 1870 par les nouveaux maîtres de la France est aussi capitale. Tunique de Nessus du régime impérial, le coup d'État du 2-Décembre donne ses lettres de noblesse au mouvement républicain et lui confère une forme de légitimité qui lui permet de s'imposer plus aisément. À Thiers qui l'a vécu, l'exemple de la Deuxième République dans sa phase conservatrice montre que le régime républicain est sans doute le plus adapté au pays. Il s'en inspire pendant son passage aux affaires. Le discrédit qui pèse désormais sur la personnification du pouvoir influe sur la façon dont le président Grévy, autre grande figure de la Deuxième République et du Second Empire, et la plupart de ses successeurs exercent leurs fonctions. Quant à Gambetta, Ferry et leurs amis, initiés à la politique et au positivisme républicain à la fin de l'Empire, leur propre expérience leur donne la volonté d'aller vers les campagnes et de développer l'instruction des masses. En effet, la nationalisation de la politique par le suffrage universel, entamée sous la Deuxième République et poursuivie sous le Second Empire, fait désormais des ruraux, encore nettement majoritaires dans la population, les arbitres de la vie politique, comme la « campagnocratie » impériale l'a prouvé. En sapant les bases de l'autorité notabiliaire traditionnelle, sans en avoir d'ailleurs toujours conscience, le Second Empire n'a-t-il pas lui-même donné aux masses le goût de leur propre émancipation (Bernard Ménager, [67]) ? La volonté des républicains de bouter l'Église hors de la sphère politique trouve aussi son origine entre 1848 et 1870 puisque, après avoir béni la naissance de la République, le clergé, dans sa grande majorité, choisit la réaction.

Alors que notre société déstabilisée manque de repères, la période charnière des années 1848 à 1870 où l'ancien monde tend à s'effacer devant le nouveau ne peut que nous faire réfléchir.

BIBLIOGRAPHIE

Ouvrages généraux et de synthèse

[1] Actes du colloque : *Pourquoi réhabiliter le Second Empire ?*, Bernard Giovanangeli éditeur, 1997

[1bis] Actes du colloque du cent cinquantenaire : *1848*, Créaphis, 2002

[2] Actes du Congrès historique du centenaire de la Révolution de 1848, PUF, 1948

[3] Maurice AGULHON, *1848 ou l'apprentissage de la République (1848-1852)*, Le Seuil, 1973, coll. Nouvelle Histoire de la France contemporaine, t. 8, rééd. 1992

[4] Maurice AGULHON, *Les Quarante-huitards*, Archives, Gallimard-Julliard, 1975, rééd. en Folio histoire, 1992

[5] Madeleine AMBRIERE dir., *Dictionnaire du XIXe siècle européen*, PUF, 1997

[6] Éric ANCEAU, *Comprendre le Second Empire*, Saint-Sulpice éditeur, Tranches d'histoire, 1999

[7] Sylvie APRILE, Raymond HUARD, Pierre LEVEQUE, Jean-Yves MOLLIER, *La Révolution de 1848 en France et en Europe*, Éditions sociales, 1998

[8] Dominique BARJOT, Jean-Pierre CHALINE, André ENCREVE, *La France au XIXe siècle*, PUF, coll. Premier cycle, rééd. 1995

[9] François CARON, *La France des patriotes (1851-1918)*, Fayard, 1985, coll. Hist. de France, vol. 5

[10] *Cinquante ans de recherches sur 1848*, Revue d'histoire du XIXe siècle, n° 14, 1997/1

[11] *1848 et la Seconde République*, Annales historiques de la Révolution française, 1975-4

[12] *1848. Nouveaux regards*, Revue d'histoire du XIXe siècle, n° 15, 1997/2
[13] Jean GARRIGUES, *La France de 1848 à 1870*, Armand Colin, coll. Cursus, 1995
[14] Louis GIRARD, *Naissance et mort, La Seconde République*, Calmann-Lévy, 1968
[15] Henri GUILLEMIN, *La Première Résurrection de la République*, Gallimard, 1967, coll. Les Trente Journées
[16] *L'Historiographie du Second Empire*, R.H.M.C., janvier-mars 1974
[17] Pierre de LA GORCE, *Histoire de la Seconde République française*, Plon, 1887, 2 vol.
[18] Pierre de LA GORCE, *Histoire du Second Empire*, Plon, 1894-1904, 7 vol.
[19] Inès MURAT, *La IIe République, 1848-1851*, Fayard, 1987
[20] Alain PLESSIS, *De la fête impériale au mur des fédérés (1852-1871)*, Le Seuil, 1973, coll. Nouvelle Histoire de la France contemporaine, t. 9
[21] Georges PRADALIE, *Le Second Empire*, PUF, coll. Que sais-je ?, rééd. 1987
[22] Charles SEIGNOBOS, *Histoire de la France contemporaine*, t. VI *La Révolution de 1848. Le Second Empire* et t. VII *Le déclin de l'Empire et l'établissement de la IIIe République*, Hachette, 1921
[23] Robert TOMBS, *France. 1814-1914*, London and New York, Longman, 1996
[24] Jean TULARD, *Les Révolutions (1789-1851)*, Fayard, 1985, coll. Histoire de France, vol. 4
[25] Jean TULARD dir., *Dictionnaire du Second Empire*, Fayard, 1995
[26] Philippe VIGIER, *La Seconde République*, PUF, coll. Que sais-je ?, rééd. 1988

Histoire politique

[27] Actes du colloque : *La Première Internationale. L'institution, l'implantation, le rayonnement*, C.N.R.S., 1968
[28] *De la Révolution au coup d'État (1848-1851). Les répercussions des événements parisiens entre Alpes et Pyrénées*, Publ. de l'Université Montpellier III, 1999
[29] Maurice AGULHON, *La République au village. Les popu-*

lations du Var de la Révolution à la République, Plon, 1971, rééd. Le Seuil, 1977

[30] Maurice AGULHON, *Marianne au combat. L'imagerie et la symbolique républicaines de 1789 à 1880*, Flammarion, 1979

[31] Peter H. AMANN, *Revolution and mass democracy. The Paris club movement in 1848*, Princeton, Princeton Univ. Press, 1975

[32] Éric ANCEAU, *Dictionnaire des députés du Second Empire*, Presses Universitaires de Rennes, collection Carnot, 1999

[33] Éric ANCEAU, *Les Députés du Second Empire. Prosopographie d'une élite du XIXe siècle*, Paris, Champion et Genève, Slatkine, 2000

[34] Éric ANCEAU, « Une république sous l'Empire. La représentation républicaine au Corps législatif de 1863 à 1870 », dans P. Baquiast, *L'Âge d'or des Républicains (1863-1914)*, L'Harmattan, 2001

[35] Paul BASTID, *Doctrines et institutions politiques de la Seconde République*, Hachette, 1945, 2 vol.

[36] Frédéric BLUCHE, *Le Bonapartisme*, PUF, 1980, coll. Que sais-je ?

[37] Frédéric BLUCHE, *Le Bonapartisme. Aux origines de la droite autoritaire (1800-1850)*, Nouvelles éditions latines, 1980

[38] Jacques BOUILLON, « Les démocrates-socialistes aux élections de 1849 », *Revue française de science politique*, VI, n° 1, 1956

[39] Jean-Paul BRUNET, *La Police de l'ombre. Indicateurs et provocateurs dans la France contemporaine*, Le Seuil, 1990

[40] Christophe CHARLE, Jacqueline LALOUETTE, Michel PIGENET, Anne-Marie SOHN dir., *La France démocratique (Combats, mentalités, symboles)*, Mélanges offerts à Maurice Agulhon, Publ. de la Sorbonne, 1998

[41] Jean-Jacques CHEVALLIER, *Histoire des institutions et des régimes politiques de la France de 1789 à nos jours*, 9e éd., A. Colin, 2001

[42] Alain CORBIN et Jean-Marie MAYEUR dir., *La Barricade*, Publ. de la Sorbonne, 1996

[43] Alain DALOTEL, Alain FAURE et Jean-Claude FREIER-

MUTH, *Aux origines de la Commune. Le mouvement des réunions publiques à Paris, 1868-1870*, Maspero, 1980

[44] Adrien DANSETTE, *Louis-Napoléon à la conquête du pouvoir*, Hachette, 1961

[45] Adrien DANSETTE, *Du 2 décembre au 4 septembre*, Hachette, 1972

[46] *1848. Un modèle politique à l'épreuve*, Revue d'histoire du XIXe siècle, n° 16, 1998/1

[47] Paul GERBOD, Jean TULARD et alii, *Les Épurations administratives au XIXe et au XXe siècle*, Genève, Droz, 1977

[48] Gisela GEYWITZ, *Das Plebiszit von 1851 in Frankreich*, Tubingen, 1965

[49] Louis GIRARD et alii, *Les Élections de 1869*, Rivière, 1960

[50] Louis GIRARD, Antoine PROST et Rémi GOSSEZ, *Les Conseillers généraux en 1870*, PUF, 1970

[51] Louis GIRARD, *Les Libéraux français, 1814-1875*, Aubier, 1985

[52] Jérôme GRONDEUX, *Histoire des idées politiques en France au XIXe siècle*, La Découverte, 1998, coll. Repères

[53] Léo HAMON dir., *Les Républicains sous le Second Empire*, MSH, 1993

[54] Sudhir HAZAREESINGH, *From subject to citizen, The Second Empire and the Emergence of Modern French Democracy*, Princeton, P.U.P., 1998

[55] Raymond HUARD, *La Préhistoire des partis. Le mouvement républicain en Bas-Languedoc (1848-1881)*, Presses de la FNSP, 1982

[56] Raymond HUARD, *Le Suffrage universel en France (1848-1946)*, Aubier, 1991

[57] Raymond HUARD, *La Naissance du parti politique en France*, Presses de la FNSP, 1996

[58] François IGERSHEIM, *Politique et administration dans le Bas-Rhin (1848-1870)*, Strasbourg, P.U. de Strasbourg, 1993

[59] Patrick LAGOUEYTE, *La Vie politique en France au XIXe siècle*, Paris-Gap, Ophrys, 1989

[60] Bernard LECLERE et Vincent WRIGHT, *Les Préfets du Second Empire*, Armand Colin, 1973

[61] Pierre LEVEQUE, *Histoire des forces politiques en France*, A. Colin, vol. 1 : 1789-1880, 1992

[62] François LUCHAIRE, *Naissance d'une constitution :*

1848, Histoire des constitutions de la France, Fayard, 1998

[63] Frederick A. DE LUNA, *The French Republic under Cavaignac*, Princeton Univ. Press, 1969

[64] Peter MAC PHEE, *Les Semailles de la République dans les Pyrénées-Orientales. 1846-1852*, Perpignan, Les Publications de l'Olivier, 1995

[65] Ted W. MARGADANT, *French Peasants in Revolt. The insurrection of 1851*, Princeton, Princeton University Press, 1979

[66] Bernard MENAGER, *La Vie politique dans le département du Nord sous le Second Empire et les débuts de la Troisième République*, Dunkerque, éd. des Beffrois, 1983, 3 vol.

[67] Bernard MENAGER, *Les Napoléon du peuple*, Aubier, 1988

[68] John M. MERRIMAN, *The Agony of the Republic*, New Haven, Connecticut, 1978

[69] Claude NICOLET, *L'Idée républicaine en France. Essai d'histoire critique*, Gallimard, 1982

[70] Pascal ORY, *Nouvelle Histoire des idées politiques*, Hachette, 1987

[71] Félix PONTEIL, *Les Institutions de la France de 1814 à 1870*, PUF, 1966

[71 bis] Roger PRICE, *The French Second Empire. An Anatomy of Political Power*, Cambridge, U.P., 2001

[72] René REMOND, *La Vie politique en France*, A. Colin, 2 vol., 1965-1969

[73] René REMOND, *Les Droites en France*, rééd., Aubier-Montaigne, 1982

[74] Stéphane RIALS, *Révolution et contre-révolution au XIXe siècle*, Duc, Albatros, 1987

[75] Michèle RIOT-SARCEY, *La Démocratie à l'épreuve des femmes. Trois figures critiques du pouvoir 1830-1848*, Albin Michel, 1994

[76] Pierre ROSANVALLON, *Le Moment Guizot*, Gallimard, NRF, 1985

[77] Pierre ROSANVALLON, *Le Sacre du citoyen. Histoire du suffrage universel*, Gallimard, 1990

[78] Jean-François SIRINELLI dir., *Histoire des droites en France*, Gallimard, 1992, 3 vol.

[79] Ionka TCHERNOFF, *Le Parti républicain au coup d'État et sous le Second Empire*, Pedone, 1906

[80] Georges WEILL, *Histoire du parti républicain en France de 1814 à 1870*, Paris, 1900, rééd. Genève, Slatkine, 1980

[81] Luc WILLETTE, *Le Coup d'État du 2 décembre 1851. La résistance républicaine au coup d'État*, Aubier, 1982

[82] Vincent WRIGHT, « La loi de sûreté générale de 1858 », *RHMC*, juillet-sept. 1969

[83] Vincent WRIGHT, *Le Conseil d'État sous le Second Empire*, Armand Colin et Presses de la FNSP, 1972

[84] Theodore ZELDIN, *The political system of Napoleon III*, Londres, Mac Millan, 1958

[85] Theodore ZELDIN, *Emile Ollivier and the liberal Empire of Napoleon III*, Oxford, Clarendon Press, 1963

Histoire économique

[86] Jean-Charles ASSELAIN, *Histoire économique de la France du XVIIIe siècle à nos jours*, Le Seuil, coll. Points, t. 1 : *De l'Ancien Régime à la Première Guerre mondiale*, 1984

[87] Dominique BARJOT, *Histoire économique de la France au XIXe siècle*, Nathan, 1995

[88] Alain BELTRAN et Pascal GRISET, *La Croissance économique de la France, 1815-1914*, A. Colin, 1988

[89] Louis BERGERON, *Les Capitalistes en France (1780-1914)*, Julliard, 1978

[90] Jean BOUVIER, *Le Crédit Lyonnais. Les années de formation d'une banque de dépôts (1863-1882)*, SEVPEN, 1961, 2 vol.

[91] Fernand BRAUDEL et Ernest LABROUSSE, *Histoire économique et sociale de la France*, t. 3 : *L'avènement de l'ère industrielle : 1789-années 1880*, PUF, 1976, 2 vol.

[92] Rondo CAMERON, *La France et le développement économique de l'Europe (1814-1914)*, Le Seuil, 1971

[93] François CARON, *Histoire de l'exploitation d'un grand réseau. La Compagnie du Chemin de fer du Nord, des origines à la nationalisation (1846-1937)*, La Haye, Mouton, 1973

[94] François CARON, *Histoire des chemins de fer en France*, Fayard, 1997, t. I : *1740-1883*

[95] Adrien DANSETTE, *Naissance de la France moderne. Le Second Empire*, Hachette, 1976
[96] Jean-Pierre DAVIET, *Nouvelle Histoire économique de la France contemporaine*, La Découverte, Repères, t. 1 : *L'économie préindustrielle, 1830-1914*, 1993
[97] P. DUPONT-FERRIER, *Le Marché financier de Paris sous le Second Empire*, Alcan, 1925
[98] François FARAUT, *Histoire de la Belle-Jardinière*, Belin, 1987
[99] Claude FOHLEN, *L'Industrie textile au temps du Second Empire*, Plon, 1956
[100] Geneviève GAVIGNAUD, *Les Campagnes en France au XIXe siècle*, Ophrys, 1990
[101] Bertrand GILLE, *La Banque en France au XIXe siècle : recherches historiques*, PUF, 1959
[102] Bertrand GILLE, *La Sidérurgie française au XIXe siècle*, Genève, Droz, 1968
[103] Louis GIRARD, *La Politique des travaux publics sous le Second Empire*, Armand Colin, 1952
[104] Michel HAU, *L'Industrialisation de l'Alsace (1803-1939)*, Strasbourg, PUS, 1987
[105] Ernest LABROUSSE dir., *Aspects de la crise et de la dépression de l'économie française au milieu du XIXe siècle, 1846-1851*, La Roche/Yon, Imp. centrale de l'Ouest, 1956
[106] Pierre LEON, *La Naissance de la grande industrie en Dauphiné (fin du XVIIIe siècle-1869)*, PUF, 1954, 2 vol.
[107] Maurice LEVY-LEBOYER, « Le processus d'industrialisation : le cas de l'Angleterre et de la France », *Revue historique*, avril-juin 1968
[108] Maurice LEVY-LEBOYER dir., *La Position internationale de la France. Aspects économiques et financiers (XIXe-XXe siècles)*, EHESS, 1977
[109] Maurice LEVY-LEBOYER et François BOURGUIGNON, *L'Économie française au XIXe siècle*, Economica, 1985
[110] Geneviève MASSA-GILLE, *Histoire des emprunts de la Ville de Paris*, Ville de Paris, 1973
[111] Michael B. MILLER, *Le Bon Marché*, Belin, 1987
[112] Alain PLESSIS, *La Banque de France et ses deux cents actionnaires sous le Second Empire*, Genève, Droz, 1982
[113] Alain PLESSIS, *La Politique de la Banque de France de 1851 à 1870*, Genève, Droz, 1985

[114] Georges RIBEILL, *La Révolution ferroviaire. La formation des compagnies de chemins de fer en France (1823-1870)*, Belin, 1993
[115] Jean-Pierre RIOUX, *La Révolution industrielle (1780-1880)*, Le Seuil, rééd. coll. Points, 1989
[116] Guy THUILLIER, *Aspects de l'économie nivernaise au XIXe siècle*, Mouton, 1966
[117] Patrick VERLEY, *Nouvelle Histoire économique de la France contemporaine*, La Découverte, Repères, t. 2 : *L'industrialisation, 1830-1914*, 1989
[118] Patrick VERLEY, *Entreprises et entrepreneurs du XVIIe siècle au début du XXe siècle*, Hachette, 1994

Histoire sociale

[119] Actes du colloque : *Marseille sous le Second Empire*, Plon, 1961
[120] Maurice AGULHON, *Une ville ouvrière au temps du socialisme utopique. Toulon de 1815 à 1851*, Mouton, 1970
[121] Maurice AGULHON dir., *La Ville de l'âge industriel*, t. 4 de Georges Duby dir., *Histoire de la France urbaine*, Le Seuil, 1983
[122] Maurice ALLEM, *La Vie quotidienne sous le Second Empire*, Hachette, coll. La vie quotidienne, 1948
[123] Philippe ARIES et Georges DUBY dir., *Histoire de la vie privée*, Le Seuil, t. 4 : *De la Révolution à la Grande Guerre*, 1987
[124] A. ARMENGAUD, *La Population en France au XIXe siècle*, PUF, Que sais-je ?, 1965
[125] J.-P. ARON dir., *Misérable et glorieuse, la femme au XIXe siècle*, Fayard, 1980
[126] Frédéric BARBIER, *Le Patronat du Nord sous le Second Empire : une approche prosopographique*, Droz, 1989
[127] Claude-Isabelle BRELOT, *La Noblesse réinventée. Nobles de Franche-Comté de 1814 à 1870*, Besançon, Ann. Litt. de l'Univ. de Besançon, 1992
[128] Pierre CASPARD, « Aspects de la lutte des classes en 1848 : le recrutement de la garde nationale mobile », *Revue Historique*, n° 511, juillet-septembre 1974
[129] Jean-Pierre CHALINE, *Les Bourgeois de Rouen : une élite urbaine au XIXe siècle*, Presses de la FNSP, 1982

[130] Christophe CHARLE, *Histoire sociale de la France au XIXe siècle*, Points Histoire, Le Seuil, 1991, nouvelle éd. augmentée 2001
[131] Louis CHEVALIER, *Classes laborieuses et classes dangereuses à Paris dans la première moitié du XIXe siècle*, Plon, 1958, Livre de Poche, 1982
[132] Alain CORBIN, *Archaïsme et modernité en Limousin au XIXe siècle (1845-1880)*, Marcel Rivière, 1975, 2 vol.
[133] Alain CORBIN, *Les Filles de noces, misère sexuelle et prostitution aux XIXe et XXe siècles*, Aubier, 1978
[134] Alain CORBIN, *Le Village des cannibales*, Aubier, 1990, rééd. Flammarion, 1995
[135] Alain CORBIN, *Le Monde retrouvé de Louis-François Pinagot. Sur les traces d'un inconnu (1798-1876)*, Flammarion, 1998
[136] Alain CORBIN, Jacqueline LALOUETTE, Michèle RIOT-SARCEY dir., *Femmes dans la cité (1815-1871)*, Créaphis
[137] Adeline DAUMARD, *Les Bourgeois et la bourgeoisie en France depuis 1815*, Fayard, 1987
[138] Jean-Pierre DAVIET, *La Société industrielle en France, 1814-1914*, Le Seuil, 1997
[139] Pierre DRACHLINE, *Le Crime de Pantin*, Denoël, 1985
[140] Georges DUBY et Michèle PERROT dir., *Histoire des femmes en Occident*, t. 3, *Le XIXe siècle*, Plon, 1991
[141] Jacques DUPAQUIER dir., *Histoire de la population française*, PUF, 1988, vol. 3 : 1789-1914
[142] Jacques DUPAQUIER et Denis KESSLER dir., *La Société française au XIXe siècle. Tradition, transition, transformations,* Fayard, 1992
[143] Georges DUPEUX, *Aspects de l'histoire sociale et politique du Loir-et-Cher, 1848-1914*, Paris-La Haye, Mouton, 1962
[144] Georges DUPEUX, *La Société française (1789-1970)*, rééd. A. Colin, 1986, coll. U
[145] Georges DUVEAU, *La Vie ouvrière sous le Second Empire*, Gallimard, 1946
[146] Jeanne GAILLARD, *Paris la Ville (1852-1870)*, H. Champion, 1977
[147] Louis GIRARD, *Paris pendant la Deuxième République et le Second Empire*, Hachette, Nouvelle Histoire de Paris, 1981
[148] Rémi GOSSEZ, « Diversité des antagonismes sociaux

vers le milieu du XIXe siècle », *Revue économique*, mai 1956, pp. 439-458
[149] Pierre GUIRAL, *La Vie quotidienne en France à l'âge d'or du capitalisme*, Hachette, coll. La vie quotidienne, 1976
[150] David HIGGS, *Nobles, titrés, aristocrates en France après la Révolution, 1800-1870*, Liana Levi, 1990
[151] Gérard JACQUEMET, *Belleville au XIXe siècle, du faubourg à la ville*, éd. de l'EHESS, 1984
[152] Yves LEQUIN, *Les Ouvriers de la région lyonnaise (1848-1914)*, Lyon, PUL, 1977, 2 vol.
[153] Yves LEQUIN, *Histoire des Français XIXe-XXe siècles*, Armand Colin, t. 2, *La Société*, 1984
[154] Pierre LEVEQUE, *Une société en crise. La Bourgogne au milieu du XIXe siècle (1846-1852)*, éd. de l'EHESS, 1983
[155] Jean LHOMME, *La Grande Bourgeoisie au pouvoir (1830-1880)*, PUF, 1960
[156] Jean-Marie MOINE, *Les Barons du fer. Les maîtres de forge en Lorraine du milieu du XIXe siècle aux années 30. Histoire sociale d'un patronat sidérurgique*, Nancy, Serpenoise, 1989
[157] Annie MOULIN, *Les Paysans dans la société française de la Révolution à nos jours*, Le Seuil, 1988, coll. Points
[158] Gérard NOIRIEL, *Les Ouvriers dans la société française, XIXe-XXe siècles*, Le Seuil, 1986, coll. Points
[159] *Les Patrons du Second Empire*, Paris et Le Mans, Picard et Cénomane, 6 vol. parus : Dominique BARJOT dir., *Normandie-Maine-Anjou*, 1991, Philippe JOBERT dir., *Bourgogne*, 1991, Jean-Luc MAYAUD dir., *Franche-Comté*, 1991, Nicolas STOSKOPF, *Alsace*, 1994, Roland Caty, Éliane RICHARD et Pierre ÉCHINARD, *Marseille*, 1999, Hubert BONIN dir., *Bordeaux et la Gironde*, 1999
[160] Jean-Guy PETIT, *Des peines obscures, histoire de la prison au XIXe siècle*, Fayard, 1989
[161] Natalie PETITEAU, *Élites et mobilités : la noblesse d'Empire au XIXe siècle (1808-1914)*, La Boutique de l'Histoire, 1997
[162] Pierre PIERRARD, *La Vie ouvrière à Lille sous le Second Empire*, Bloud et Gay, 1965
[163] Alain PLESSIS, *Régents et gouverneurs de la Banque de France (1852-1870)*, Genève, Droz, 1985

[164] Vincent ROBERT, *Les Chemins de la manifestation (1848-1914)*, Lyon, PUL, 1996
[165] William SERMAN, *Les Officiers français dans la nation (1848-1914)*, Aubier, 1980
[166] Pierre SORLIN, *La Société française*, Arthaud, 1969, vol. 1 : 1840-1914
[167] Guy THUILLIER, *Bureaucratie et bureaucrates en France au XIXe siècle*, Genève, Droz, 1980
[168] J.-C. TOUTAIN, *La Population de la France de 1700 à 1959*, Cahier de l'ISEA, 1963
[169] J.-C. TOUTAIN, *La Consommation alimentaire en France de 1789 à 1964*, Cahier de l'ISEA, 1971
[170] Mark TRAUGOTT, *Armies of the Poor*, Princeton, Princeton U.P., 1985
[171] Rolande TREMPE, *Les Mineurs de Carmaux, 1848-1914*, Éd. ouvrières, 1971
[172] André-Jean TUDESQ, *Les Grands Notables en France (1840-1849), étude historique d'une psychologie sociale*, PUF, 1964, 2 vol.
[173] Philippe VIGIER, *La Seconde République dans la région alpine. Étude politique et sociale*, PUF, 1963, 2 vol.
[174] Philippe VIGIER, *1848, les Français et la République*, Hachette, rééd. 1998, coll. La vie quotidienne
[175] Theodore ZELDIN, *Histoire des passions françaises*, trad. française, Le Seuil, 1979, 5 vol.

Vie religieuse

[176] Jacques-Olivier BOUDON, *L'Épiscopat français à l'époque concordataire, 1802-1905*, CERF, 1996
[176 bis] Jacques-Olivier BOUDON, *Paris, capitale religieuse sous le Second Empire*, CERF, 2001
[177] Philippe BOUTRY, *Prêtres et paroisses au pays du curé d'Ars*, CERF, 1986
[178] Frank Paul BOWMAN, *Le Christ des barricades*, CERF, 1987
[179] Yves BRULEY, *Histoire de la papauté*, Saint-Sulpice éd., 2000
[180] Pierre CHEVALLIER, *Histoire de la franc-maçonnerie française*, Fayard, 3 vol.
[181] Gérard CHOLVY et Yves-Marie HILAIRE dir., *Histoire*

religieuse de la France contemporaine, Toulouse, Privat, t. 1, 1985
- [182] Gérard CHOLVY, Être chrétien en France au XIXe siècle. 1790-1914, Le Seuil, 1997
- [183] Jean-Baptiste DUROSELLE, Les Débuts du catholicisme social en France (1822-1870), PUF, 1951
- [184] André ENCREVE, Les Protestants en France de 1800 à nos jours. Histoire d'une réintégration, Stock, 1985
- [185] André ENCREVE, Protestants français au milieu du XIXe siècle : les réformés de 1848 à 1870, Genève, Labor et Fides, 1986
- [186] Sudhir HAZAREESINGH et Vincent WRIGHT, Francs-Maçons sous le Second Empire. Les loges provinciales du Grand Orient à la veille de la Troisième République, PUR, 2001
- [187] Yves-Marie HILAIRE, Une chrétienté au XIXe siècle ? La vie religieuse des populations du diocèse d'Arras, 1840-1914, Lille, PUL, 1977, 2 vol.
- [188] J. LAFON, Les Prêtres, les fidèles et l'État ; le ménage à trois du XIXe siècle, Beauchesne, 1987
- [189] Michel LAGREE, Religion et cultures en Bretagne, 1850-1950, Fayard, 1992
- [190] Jacqueline LALOUETTE, La Libre Pensée en France. 1848-1940, Albin Michel, 1997
- [191] Claude LANGLOIS, Le Catholicisme au féminin, les congrégations françaises à supérieures générales au XIXe siècle, CERF, 1984
- [192] Marcel LAUNAY, Le Diocèse de Nantes sous le Second Empire, Nantes, C.I.D., 1982, 2 vol.
- [193] Jacques LE GOFF et René REMOND dir., Histoire de la France religieuse, Le Seuil, t. 3, 1991
- [194] Christiane MARCILHACY, Le Diocèse d'Orléans sous l'épiscopat de Mgr Dupanloup (1849-1878). Les hommes et leurs mentalités, Plon, 1962
- [195] Jean MAURAIN, La Politique ecclésiastique du Second Empire, Alcan, 1930
- [196] Jean-Marie MAYEUR, La Question laïque, XIXe-XXe siècles, Fayard, 1997

Culture

[197] Linda AIMONE et Carlo OLMO, *Les Expositions universelles, 1851-1900*, Belin, 1993

[198] Claude BELLANGER, Jacques GODECHOT, Pierre GUIRAL et Fernand TERROU dir., *Histoire générale de la presse française*, PUF, t. 2, *1815-1870*, 1969

[199] Roger BELLET, *Presse et journalisme sous le Second Empire*, Armand Colin, 1967

[200] Jean-Claude CARON, *Génération romantique. Les étudiants de Paris et le Quartier latin, 1814-1851,* A. Colin, 1991

[201] Catalogue de l'exposition : *L'Art en France sous le Second Empire*, Musées nationaux, 1979

[202] Catalogue de l'exposition : *Impressionnisme : les origines (1859-1869)*, Musées nationaux, 1994

[203] Jean-Pierre CHALINE, *Sociabilité et érudition. Les sociétés savantes en France. XIXe-XXe siècles,* CTHS, 1998, rééd.

[204] Jean-Pierre CHALINE, « Les rites de sociabilité chez les élites urbaines en France au XIXe siècle », *Memoria y Civilizacion*, 3, 2000

[205] Alain CORBIN et alii, *Les Usages politiques des fêtes au XIXe et au XXe siècle*, Publ. de la Sorbonne, 1994

[206] Alain CORBIN dir., *L'Avènement des loisirs (1850-1960)*, Aubier, 1995

[207] Jean-Jacques DARMON, *Le Colportage de librairie en France sous le Second Empire*, Plon, 1972

[208] François FURET et Jacques OZOUF, *Lire et écrire, l'alphabétisation des Français de Calvin à Jules Ferry*, Éd. de Minuit, 1977, 2 vol.

[209] Paul GERBOD, *La Condition universitaire en France au XIXe siècle*, PUF, 1965

[210] Patrick HARRIGAN, *Mobility, Elites and Education in French Society of the Second Empire*, Waterloo, W. Laurier U.P., 1980

[211] Jean-Noël LUC, « La scolarisation en France au XIXe siècle : l'illusion statistique », *Annales E.S.C.*, n° 4, 1986

[212] Françoise MAISON, *Le Second Empire ou le temps des séries, Connaissance des Arts*, n° hors série, Compiègne, 1991

[213] Hervé MANEGLIER, *Paris impérial. La vie quotidienne sous le Second Empire*, A. Colin, 1990

[214] Françoise MAYEUR, *Histoire générale de l'enseignement et de l'éducation en France,* vol. 3 : De la Révolution à l'école républicaine, Nouvelle Librairie de France, 1981

[215] Pierre NORA dir., *Les Lieux de mémoire*, rééd. Gallimard, Quarto, 1997, 3 vol.

[216] Isabelle POUTRIN dir., *Le XIXe siècle. Science, politique et tradition*, Berger-Levrault, 1995

[217] Antoine PROST, *L'Enseignement en France de 1800 à 1967*, A. Colin, 1968, coll. U

[218] Pierre-Louis REY, *La Littérature française du XIXe siècle*, Armand Colin, 1993

[219] Louis SONOLET, *La Vie parisienne sous le Second Empire*, Payot, 1929

Histoire militaire et diplomatique

[220] Charles-Robert AGERON, *L'Algérie algérienne de Napoléon III à de Gaulle*, Sindbad, 1980

[221] Stéphane AUDOIN-ROUZEAU, *1870. La France dans la guerre*, Armand Colin, 1987

[222] Michèle BATTESTI, *La Marine de Napoléon III,* Service Historique de la Marine, 1997, 2 vol.

[223] Jean BERENGER et Georges-Henri SOUTOU dir., *L'Ordre européen du XVIe au XXe siècle*, PUPS, 1998

[224] Dan BERINDEI, *L'Union des principautés roumaines*, Bucarest, 1967

[225] Denise BOUCHE, *Histoire de la colonisation française*, t. 2 : *Flux et reflux, 1815-1962*, Fayard, 1991

[226] Yves BRULEY, « Le Concert européen à l'époque du Second Empire », *Relations internationales*, n° 90, été 1997

[227] L.M. CASE, *French opinion on War and Diplomacy during the Second Empire*, Philadelphie, Univ. of Pennsylvania Press, 1954

[228] J. CHASTAIN, *The Liberation of Sovereign Peoples, the French Foreign Policy of 1848*, Ohio, University Press, 1988

[229] Raoul GIRARDET, *L'Idée coloniale en France*, La Table Ronde, 1972

[230] Alain GOUTTMAN, *La Guerre de Crimée, 1853-1856*, éd. S.P.M., collection Kronos, 1995
[231] L. C. JENNINGS, *France and Europe in 1848*, 1973
[232] J.-F. LECAILLON, *Napoléon III et le Mexique*, L'Harmattan, 1994
[233] Philippe LEVILLAIN et Rainer RIEMENSCHNEIDER éd., *La Guerre de 1870-1871 et ses conséquences*, Bonn, Bouvier, 1990
[234] Jean MARTIN, *L'Empire renaissant, 1789-1871. L'aventure coloniale de la France*, Denoël, 1987
[235] Raymond POIDEVIN et Jacques BARIETY, *Les Relations franco-allemandes, 1815-1975*, A. Colin, 1977
[236] Pierre RENOUVIN, *Histoire des relations internationales*, PUF, t. V : *Le XIXe siècle de 1815 à 1871*, 1955
[237] A. REY-GOLDZEIGNER, *Le Royaume arabe. La politique algérienne de Napoléon III, 1861-1870*, Alger, Soc. nationale d'édition et de diffusion, 1977
[238] François ROTH, *La Guerre de 1870*, Fayard, 1990
[239] Christophe VERNEUIL, « La Belgique et l'ordre européen au XIXe siècle », *Relations internationales*, n° 90, été 1997
[240] Ronald ZINS, *Les Maréchaux de Napoléon III*, Horvath, 1996

Parmi les biographies

[241] Actes du colloque *François Arago,* Cahiers de l'Université de Perpignan, 1987
[242] Actes du colloque *Monsieur Thiers d'une République à l'autre*, Publisud, 1998
[243] Charles ALMERAS, *Odilon Barrot, avocat et homme politique (1791-1873)*, Le Puy, Mappus et Paris, PUF, 1950
[244] Daniel AMSON, *Adolphe Crémieux, l'oublié de la gloire*, Le Seuil, 1988
[245] Jean AUTIN, *Les Frères Pereire. Le bonheur d'entreprendre*, Perrin, 1984
[246] Paul BAQUIAST, *Une dynastie de la bourgeoisie républicaine, les Pelletan*, L'Harmattan, 1996
[247] Frédéric BARBIER, *Finance et politique. La dynastie des Fould — XVIIIe-XXe siècle*, A. Colin, 1991
[248] Noël BLAYAU, *Billault, ministre de Napoléon III*

d'après ses papiers personnels, 1805-1863, C. Klincksieck, 1969
[249] Jean-Paul BLED, *François-Joseph*, Fayard, 1987
[250] Jean-Pierre BOIS, *Bugeaud*, Fayard, 1997
[251] Jean BOUVIER, *Les Rothschild*, Fayard, 1967
[252] Michel CARMONA, *Haussmann*, Fayard, 2000
[253] Jacques CHASTENET, *Gambetta*, Fayard, 1968
[254] Renée DAVID, *Lamartine, la politique et l'histoire*, Imprimerie Nationale, 1993
[255] Alain DECAUX, *Victor Hugo*, Perrin, 1984
[256] Ghislain de DIESBACH, *Ferdinand de Lesseps*, Perrin, 1998
[257] Albert DUCHENE, *Un ministre trop oublié, Chasseloup-Laubat*, Paris, 1932
[258] Claude DUFRESNE, *Morny, le roi du Second Empire*, Jean Picollec, 1993
[259] Honoré FARAT, *Persigny, un ministre de Napoléon III*, Hachette, 1957
[260] Pierre FRITSCH, *Les Wendel, rois de l'acier français*, Laffont, 1976
[261] Jean-Michel GAILLARD, *Jules Ferry*, Fayard, 1989
[262] Lotthar GALL, *Bismarck, le révolutionnaire blanc*, Fayard, 1984
[263] Louis GIRARD, *Napoléon III*, Fayard, 1986
[264] Gerda GROTHE, *Le Duc de Morny*, Fayard, 1967
[265] Pierre GUIRAL, *Prévost-Paradol (1829-1870). Pensée et action d'un libéral sous le Second Empire*, PUF, 1955
[266] Pierre GUIRAL, *Adolphe Thiers ou de la nécessité en politique*, Fayard, 1986
[267] Jean LENOBLE, *Les Frères Talabot, une grande famille d'entrepreneurs au XIXe siècle*, Limoges, L. Souny, 1989
[268] B. LE ROUX, *Louis Veuillot. Un homme de combat*, P. Téqui, 1984
[269] Jean MAURAIN, *Un bourgeois français au XIXe siècle : Baroche, ministre de Napoléon III*, Alcan, 1936
[270] Jean-Yves MOLLIER, *Michel et Calmann Lévy ou la naissance de l'édition moderne*, Calmann-Lévy, 1984
[271] Alexandre NAJJAR, *Le Procureur de l'Empire, Ernest Pinard (1822-1909)*, Balland, 2001
[272] Maurice PARTURIER, *Morny et son temps*, Hachette, 1969

[273] Pierre-Antoine Perrod, *Jules Favre, avocat de la liberté*, Lyon, La Manufacture, 1988
[274] Robert Pourvoyeur, *Offenbach*, Le Seuil, 1994
[275] Jean Rohr, *Victor Duruy, ministre de Napoléon III. Essai sur la politique de l'instruction publique au temps de l'Empire libéral*, LGDJ, 1967
[276] R. Romeo, *Cavour e il suo tempo*, vol. III, 1854-1861, Bari, Laterza, rééd. 1984
[277] Joseph-Antoine Roy, *Histoire de la famille Schneider et du Creusot*, Marcel Rivière, 1962
[278] Nelly Schmidt, *Victor Schœlcher*, Fayard, 1994
[279] Robert Schnerb, *Rouher et le Second Empire*, A. Colin, 1949
[280] Philippe Seguin, *Louis Napoléon le Grand*, Grasset et Fasquelle, 1990
[281] W.H.C. Smith, *Napoléon III*, rééd. Marabout, 1984
[282] Philippe Tollu, *Montalembert. Les libertés sous le Second Empire*, Albatros, 1987
[283] Anne Troisier de Diaz éd., *Regards sur Émile Ollivier*, Publ. de la Sorbonne, 1985
[284] Georges Valance, *Haussmann le Grand*, Flammarion, 2000
[285] Éric Vatre, *Henri Rochefort ou la comédie du XIXe siècle*, Lattès, 1984
[286] Claude Vigoureux, *Maupas et le coup d'État de Louis-Napoléon. Le policier du Deux-Décembre 1851*, Éd. SPM, 2002

INDEX

Abbatucci, J.P.C., 88
Adam, Juliette, 204
Affre, Mgr, 41
Albert, A. Martin dit, 23, 29, 39
Alexandre II, 94, 195
Alphand, Jean-Charles, 152
Alzon, Emmanuel d', 173
Arago, Étienne, 24
Arago, François, 38
Auber, Daniel François Esprit, 180
Augier, Émile, 180

Baltard, Victor, 152, 180
Barbès, Armand, 19, 36
Baroche, Jules, 119, 132, 213
Barrot, Ferdinand, 55, 57
Barrot, Odilon, 19, 22, 46, 54, 55, 57, 212
Bartholony, François, 133
Barye, Antoine-Louis, 180
Baudelaire, Charles, 181
Baudin, Alphonse, 67, 203
Bazaine, Achille, 116, 167, 192, 220, 221
Beauharnais, Hortense de, 50
Béhic, Armand, 132
Belgrand, Eugène, 152
Bellanger, Marguerite, 187
Benedetti, Vincent, 216
Béranger, Pierre Jean de, 52
Bergès, Aristide, 150
Berlioz, Hector, 180
Bernard, Claude, 179
Berryer, Pierre-Antoine, 55, 97, 120, 121, 200, 204
Berthelot, Marcelin, 130
Billault, Adolphe, 88, 97, 119, 121
Bismarck, Otto von, 192, 194, 215, 216

Blanc, Louis, 8, 18, 23, 28, 29, 33, 38, 45
Blanqui, Auguste, 19, 39, 207
Bonaparte, Jérôme, roi, 81, 88
Bonaparte, Louis, roi, 50
Bonaparte, Louis-Napoléon, président, 7, 8, 50, 52, 53, 55, 57, 61, 62, 63, 65, 69, 71, 74, 75, 81, 85, 88, 128, 225
Bonaparte, Mathilde, 88, 185
Bonaparte, Napoléon, 52
Bonaparte, Napoléon-Jérôme, 88, 102, 123, 185
Bonaparte, Pierre, 212
Boucicaut, Aristide, 142, 167
Bouguereau, William, 180
Bourges, Michel de, 63
Brea, général, 41
Brissot, Jacques, 29
Broglie, Victor de, 29, 117
Brougham, lord, 13
Buchez, Philippe, 27, 38
Buffet, Louis-Joseph, 210, 213
Bugeaud, Thomas Robert, 22

Cabanel, Alexandre, 180
Cabet, Étienne, 18, 27
Cail, Jean-François, 167
Cailletet, Louis-Paul, 130
Carnot, Hippolyte, 18, 30, 36, 55, 65, 84, 98, 168
Carnot, Lazare, 18
Carpeaux, Jean-Baptiste, 183
Caumont, Arcisse de, 179
Caussidière, Marc, 8, 23, 39, 45
Cavaignac, Eugène, 38, 41, 44, 46, 47, 49, 50, 53, 84, 98, 203
Cavour, 102, 106
Chagot, Jules, 166
Chambord, comte de, 60, 97

Index

Champfleury, Jules, 181
Changarnier, Nicolas Amédée Théodule, 54, 61
Charlotte, princesse, 116, 192
Chasseloup-Laubat, Prosper, 111, 209
Chauchard, Hippolyte, 142
Chevalier, Michel, 107, 108, 111, 130, 132
Choiseul-Praslin, Charles, 14
Clément, Jean-Baptiste, 188
Cobden, Richard, 108, 109
Comte, Auguste, 171, 177
Conneau, Henri, 87
Considérant, Victor, 18, 46
Cormenin, Louis-Marie, 46
Courbet, Gustave, 181, 183
Cousin, Victor, 177
Cousin-Montauban, Charles-Guillaume, 114, 120
Couza, Alexandre, 95
Crémieux, Adolphe, 18, 53
Cubières, 14

Danton, Jacques-Georges, 8
Darimon, Alfred, 118, 124
Daru, Napoléon, 210, 213
Darwin, Charles, 174
Daudet, Alphonse, 9
Daumier, Honoré, 183
David, Jérôme, 207, 215
Degas, Edgar, 183
Delacroix, Eugène, 180
Delescluze, Louis-Charles, 31, 203, 204
Dennery, Adolphe, 18
Deschamps, 31, 38
Doudart de Lagrée, Ernest, 115
Drouyn de Lhuys, Edouard, 194, 195
duchesse d'Orléans, 22
Dufaure, Jules Armand Stanislas, 46
Dumas fils, Alexandre, 135
Dupanloup, Mgr Félix, 174
Dupin, Charles, 55
Dupont, Pierre, 27

Dupont de l'Eure, Jacques-Charles, 23
Duruy, Victor, 168, 171, 176, 179, 198
Duvernois, Clément, 215

Enfantin, père Prosper, 18
Engels, Friedrich, 43
Erckmann-Chatrian, 189
Espinasse, Charles-Esprit, 99
Eugénie, impératrice, 89, 114, 195, 216

Faidherbe, Louis, 111, 113
Failly, Achille, 195
Falloux, Frédéric de, 39, 40, 54, 55, 57, 97, 172, 176
Faucher, Léon, 54
Favre, Jules, 101, 118, 121, 124, 199, 214, 221
Ferry, Jules, 111, 207, 213, 228
Feuillet, Octave, 180
Féval, Paul, 189
Flandrin, Hippolyte, 180
Flaubert, Gustave, 181
Flocon, Ferdinand, 23
Floquet, Charles, 195
Fortoul, Hippolyte, 88
Fould, Achille, 57, 88, 119, 120, 130, 132, 204
François-Joseph, empereur, 103, 116, 195
Frossard, Charles-Auguste, 219
Fustel de Coulanges, Numa, 179

Gaboriau, Émile, 189
Gambetta, Léon, 204, 207, 212, 213, 224, 228
Garibaldi, Giuseppe, 106, 122, 195
Garnier, Charles, 152, 180
Garnier, Francis, 115
Garnier-Pagès, Louis Antoine, 18, 32, 38, 121
Gautier, Théophile, 181

Index

Gent, Adolphe, 61
Gérôme, Jean-Léon, 180
Gladstone, William, 108
Goncourt, frères, 171, 183
Goudchaux, Michel, 23, 32, 78, 98
Gramont, duc de, 216
Granier de Cassagnac, Adolphe, 199
Grévy, Jules, 47, 48, 213, 228, 206
Guillaume Ier, 215, 216
Guizot, François, 13, 14, 20, 25, 52, 97, 212

Hachette, Louis, 188
Haussmann, Georges, 85, 132, 150, 154, 204, 210
Haussonville, comte d', 117
Hegel, Friedrich, 8
Hénon, Jacques-Louis, 84, 118
Hohenzollern, Léopold de, 215
Huber, Aloysius, 39
Hugo, Victor, 8, 9, 56, 65, 76, 78, 97, 117, 180, 203

Impérial, prince, 97, 176, 203
Ingres, Dominique, 179

Janvier de la Motte, Eugène, 80
Jecker, Jean-Baptiste, 115
Juarez, Benito, 116, 192
Juglar, Clément, 155

Keller, Émile, 119, 121

La Grandière, Pierre Paul Marie de, 111, 115
Labiche, Eugène, 180
Labrouste, Henri, 180
Lamartine, Alphonse de, 18, 22, 23, 27, 28, 29, 37, 38, 40, 47, 50, 53, 54, 180
Lamennais, Félicité de, 45
Lanfrey, Pierre, 203
Lavergne, Léonce, 147

Lavisse, Ernest, 9
Le Bœuf, Edmond, 210
Le Play, Frédéric, 161, 166
Leconte de Lisle, Charles-Marie, 181
Ledru-Rollin, Alexandre-Auguste, 18, 19, 22, 23, 30, 36, 38, 50, 53, 55, 56
Legoyt, Alfred, 161
Leroux, Pierre, 27
Lesseps, Ferdinand de, 114
Lévy, Michel, 189
Littré, Émile, 118, 177, 179
Lorencez, C.F. de, 117
Louis-Philippe, 10, 13, 20, 23, 25, 46, 52, 55, 60, 177

Mac-Mahon, Patrice de, 219, 221
Magnan, Bernard Pierre, 63
Magne, Pierre, 119
Mallarmé, Stéphane, 181
Malmesbury, lord, 90
Manet, Édouard, 181, 183, 187
Marie, Thomas, 18, 32, 38, 41, 55
Marinoni, 188
Marrast, Armand, 23, 38, 46, 55
Martin, Henri, 36
Marx, Karl, 8, 43
Maupas, Charlemagne Émile, 63, 67, 88
Maximilien, empereur, 116, 192
Meissonier, J.L.E., 180
Melun, Armand de, 25
Meyerbeer, Giacomo, 180
Michelet, Jules, 18, 25, 81, 180
Millaud, 188
Millet, Jean-François, 163, 181
Mimerel, Auguste, 109
Miot, Jules-François, 76
Mirès, Jules, 170
Mistral, Frédéric, 188
Mocquard, Jean-François, 87
Mohammed Saïd, 114
Molé, Mathieu, 20, 22, 55
Moltke, Helmut von, 219, 221

Monet, Claude, 183
Montalembert, Charles de, 84, 97, 98
Montijo, Eugénie de, voir Eugénie
Montrol, François de, 29
Morny, Charles de, 63, 65, 67, 68, 82, 83, 95, 97, 102, 115, 118, 119, 120, 121, 124, 125, 132, 137, 139, 185, 191, 195
Murat, Lucien, 81
Musset, Alfred de, 180

Napoléon, prince, voir Napoléon-Jérôme Bonaparte
Napoléon Ier, 8, 50, 81, 87, 90, 189
Napoléon III, 85, 87, 88, 89, 90, 91, 94, 95, 97, 98, 99, 101, 102, 103, 106, 107, 108, 109, 110, 111, 113, 114, 116, 117, 120, 122, 124, 130, 132, 137, 150, 152, 166, 181, 183, 185, 191, 192, 194, 195, 196, 204, 207, 209, 210, 213, 214, 216, 217, 220, 221, 224
Ney, Edgar, 60
Nicolas Ier, 91, 94
Niel, maréchal Adolphe, 198
Nisard, Désiré, 181
Noilly-Prat, Anne-Rosine, 171
Noir, Victor, 212

Offenbach, Jacques, 180, 185
Ollivier, Émile, 31, 98, 118, 119, 121, 124, 210, 212, 213, 216, 217, 220
Orsini, Felice, 98, 101, 102
Ozanam, Frédéric, 25

Païva, la, 187
Palikao, comte de, 220, 221
Parieu, Marie-Louis Esquirou de, 57, 172, 210
Passy, Frédéric, 215
Pasteur, Louis, 130

Pearl, Cora, 187
Peel, Robert, 109
Pereire, les frères, 130, 132, 133, 139, 141, 156
Persigny, Victor de, 52, 55, 63, 82, 83, 85, 88, 107, 120, 121, 132, 150, 204
Pianori, Giovanni, 98
Picard, Ernest, 118, 213
Pie IX, 56, 87, 106, 107, 174
Piétri, 101
Pinagot, Louis-François, 16
Pinard, Ernest, 181
Pissarro, Camille, 181
Plichon, Ignace, 103
Polignac, Alphonse de, 170
Pouyer-Quertier, Auguste, 110, 167, 170
Prévost-Paradol, Anatole, 117, 161, 212, 215
Pritchard, George, 14
Proudhon, Pierre Joseph, 18, 123, 171, 177
Pyat, Félix, 18

Quentin-Bauchart, 76
Quinet, Edgar, 18, 76, 117, 203

Randon, César, 111
Raspail, François, 39, 50, 53
Raspail, madame, 97
Raudot, Claude-Marie, 161
Rémusat, Charles de, 19, 76
Renan, Ernest, 174
Renoir, Auguste, 183
Renouvier, Charles, 36
Reybaud, Louis, 45
Rigault de Genouilly, Charles, 210
Robespierre, Maximilien de, 8
Rochefort, Henri, 201, 207, 224
Rochelambert, marquis de la, 170
Romieu, 62
Rothschild, James de, 130
Rothschild, les, 132, 133, 139
Rouher, Eugène, 57, 71, 109,

Index

115, 121, 132, 194, 196, 198, 200, 204, 207, 209, 212
Rouland, Gustave, 107
Roumanille, Joseph, 188

Saint-Arnaud, Achille de, 63
Sainte-Beuve, Charles Augustin, 179
Sainte-Claire-Deville, Charles, 130
Sand, George, 35, 171
Schneider, Eugène, 109, 130, 133, 134, 149, 166, 198, 207
Schœlcher, Victor, 30, 65, 76, 117
Ségur, comtesse de, 227
Sénard, Antoine-Marie-Jules, 38
Simon, Jules, 81, 118, 124, 199, 200
Sisley, Alfred, 183
Soulié, Frédéric, 18
Stern, Daniel, 20
Sue, Eugène, 18

Taine, Hippolyte, 179
Talabot, Paulin, 133
Ténot, Eugène, 203
Teste, Jean-Baptiste, 14
Thérésa, 188
Thiers, Adolphe, 19, 22, 52, 55, 59, 60, 62, 63, 76, 97, 117, 120, 121, 122, 194, 199, 217, 221, 224, 227

Tibaldi, Paolo, 98
Tocqueville, Alexis de, 36, 46
Tolain, Henri, 123
Trochu, Louis Jules, 224
Troplong, Raymond Théodore, 81
Troppmann, Jean-Baptiste, 188

Ulbach, Louis, 183
Urbain, Ismaël, 113

Vacherot, Étienne, 118
Vaillant, J.B.P., 210
Vallée, Oscar de, 137
Verlaine, Paul, 181
Verne, Jules, 189
Veuillot, Louis, 81, 95
Vianney, Jean-Marie, 173
Victor-Emmanuel, roi, 102
Victoria, reine, 88, 89
Viel-Castel, Horace de, 62
Vigny, Alfred de, 180
Villermé, Louis René, 15
Viollet-le-Duc, Eugène Emmanuel, 180

Walewski, Florian, 95, 191, 198, 204
Wellington, duc de, 90
Wendel, Charles de, 134, 149, 166
Winterhalter, Franz-Xavier, 180

Zola, Émile, 9, 183, 227

Table des illustrations

La promenade des cadavres le 23 février 1848 21
Érection d'un arbre de la Liberté devant l'Hôtel de Ville de Paris. Lithographie de Fichet et Gaildreau .. 26
La substitution du Droit à la Force 34
Place de la Bastille : maison détruite par le canon, lors des journées de juin 42
Le ballet des papillons (les candidats) autour de la rose (la République) 51
« L'ordre règne en France, Paris est calme ! ! » 58
Le duc de Morny, ministre de l'Intérieur (1811-1865) 64
Baudin sur la barricade, s'interposant entre les insurgés et la troupe, peinture par Pichio 66
Placard sur la Constitution du 14 janvier 1852 72
Photographie de Victor Hugo en exil à Jersey (1853-1855) 77
Napoléon III, empereur des Français, peinture par Flandrin 86
Conférence entre le général Pélissier, lord Raglan et Omar Pacha 92
Prise de la tour de Malakoff 93
« Promenade à l'Exposition universelle de Paris, 1855. » 96
La Bataille de Solférino, par E. Guérard 104
Défilé de l'armée victorieuse en Italie (juillet 1859) 105
L'Empereur sur la place du Gouvernement à Alger, le 3 mai 1865 112
Les frères Pereire inaugurent une nouvelle ligne de chemin de fer 131

Table des illustrations

La corbeille de la Bourse de Paris, *Le Monde illustré*, 25 avril 1857 136
La *Lison* qui relie Cherbourg à Mantes et à Caen 138
Le grand escalier du Bon Marché 143
« Progrès avec prudence, pratique avec science. » *Journal d'agriculture pratique*, 1862 145
Les Halles centrales de Paris, par Victor Baltard 151
Caricature d'Haussmann, préfet de la Seine 153
L'Homme à la houe, par J.-B. Millet, 1863 164
L'église de la Major, à Marseille 175
Pierre Joseph Proudhon (1809-1865) 178
L'Olympia d'E. Manet (1863) 182
L'impératrice Eugénie entourée de ses dames d'honneur, par F.-X. Winterhalter 184
Adolphe Thiers (1797-1877) 186
L'exécution de Maximilien, par E. Manet (1867) 193
Eugène Rouher (1814-1884) 197
Henri Rochefort (1831-1913) 202
Une réunion électorale, *L'Illustration* (15 mai 1869) .. 205
Eugène Schneider, président du Corps législatif (1805-1875) 208
Émile Ollivier (1825-1913) 211
Napoléon III, le prince impérial et l'état-major au camp de Châlons 218
La débâcle de Sedan, *The Graphic* (24 septembre 1870) 222
Proclamation de la République au Corps législatif, peinture par J. Didier et J. Guiaud 223

Table

Introduction 7

I. La Révolution de février 1848 et les hésitations de la République

Pourquoi 1848 ?.. 13
Les journées de février.................................... 20
De l'illusion lyrique aux grandes réformes 24
La persistance des difficultés 30
L'élection d'une Assemblée constituante et les premières mesures de réaction............................ 33

II. L'échec d'une République conservatrice

Les journées de juin 41
La Constitution de 1848 46
L'élection du président et de l'Assemblée législative... 49
De la réaction à la division des partisans de l'ordre 55
Le coup d'État du 2 décembre 1851................... 62

III. La République décennale et l'Empire autoritaire

La Constitution de 1852 71

La réduction des oppositions et la mainmise sur le pays	75
Le rétablissement de l'Empire	84
Le retour de la France dans le concert des grandes puissances...	89
L'apogée de l'Empire autoritaire	95

IV. Le temps des grandes initiatives

La guerre d'Italie de 1859 et ses prolongements .	101
Le traité de commerce de 1860	107
L'expansion coloniale et les expéditions lointaines...	110
Les premières mesures de libéralisation et le réveil de la vie politique.....................................	117
La loi de 1864 sur les coalitions	122

V. Les transformations économiques du Second Empire

Une conjoncture favorable pour une politique originale	127
L'adaptation des outils financiers	132
La révolution des transports et des échanges	137
Archaïsmes et modernisation des secteurs agricoles et industriels..	144
Le renversement de la conjoncture et le ralentissement de la croissance	154

VI. Société, mentalités et cultures du milieu du siècle

Une population stagnante dont le niveau de vie s'améliore..	159

Accroissement de la mobilité sociale horizontale et faiblesse de la mobilité sociale verticale	162
Les religions entre doutes et certitudes	171
La pensée, les lettres et les arts entre conformisme et révolution	177
Les loisirs des Français à l'heure de la fête impériale	183

VII. Du déclin à la chute de l'Empire

Les hésitations de la politique impériale et les difficultés internationales	191
Les réformes des années 1867-1868 et leurs limites	196
La montée des oppositions	201
L'avènement de l'Empire libéral	209
La guerre contre la Prusse et le renversement de l'Empire	214
Conclusion	225
Bibliographie	229
Index	247
Table des illustrations	252

Composition réalisée par NORD COMPO
Imprimé en France sur Presse Offset par

BRODARD & TAUPIN
GROUPE CPI

La Flèche (Sarthe).
N° d'imprimeur : 13137– Dépôt légal Édit. 22545-06/2002
LIBRAIRIE GÉNÉRALE FRANÇAISE - 43, quai de Grenelle - 75015 Paris.

ISBN : 2 - 253 - 90592 - 4   42/0592/8